राष्ट्रभाषा हिन्दी

(निबन्ध-संग्रह)

राष्ट्रभाषा हिन्दी

राहुल सांकृत्यायन

राधाकृष्ण प्रकाशन

ISBN : 978-81-7119-766-8

राष्ट्रभाषा हिन्दी

पहला संस्करण : 2002
सातवाँ संस्करण : 2026

मूल्य : ₹495

प्रकाशक
राधाकृष्ण प्रकाशन प्राइवेट लिमिटेड
जी-17, जगतपुरी, दिल्ली-110 051
शाखाएँ : अशोक राजपथ, साइंस कॉलेज के सामने, पटना-800 006
पहली मंजिल, दरबारी बिल्डिंग, महात्मा गांधी मार्ग, प्रयागराज-211 001
1, अनमोल सोराबजी संतुक लेन, धोबी तलाव, मरीन लाइंस, मुम्बई-400 002
वेबसाइट : www.radhakrishnaprakashan.com
ई-मेल : info@radhakrishnaprakashan.com

मुद्रक
बी.के. ऑफसेट
नवीन शाहदरा, दिल्ली-110 032

RASHTRABHASHA HINDI
by Rahul Sankritayan

अनुक्रम

राष्ट्रभाषा हिन्दी

भाषा का प्रश्न

भाषा के प्रश्न की जटिलता इसलिए बढ़ जाती है कि हम भाषा के बोलनेवालों से इस प्रश्न का निर्णय करते समय पूछना नहीं चाहते हैं। संक्षेप में इसके बारे में हमें निम्न बातें साफ़-साफ़ दीखती हैं।

(1) हमारा देश बहुभाषिक और बहुजातिक है।

(2) अपने क्षेत्र में वहाँ के अधिकांश लोगों की मातृ-भाषा, शिक्षा और सरकारी कारोबार का माध्यम होनी चाहिए। इस प्रकार बंगाल में बँगला, उड़ीसा में उड़िया, आंध्र में तेलुगु आदि के सर्वेसर्वा होने को हमें मान लेना चाहिए, क्योंकि; लोगों की राय लिए जाने पर यही उनकी इच्छा मालूम होगी। वहाँ के निवासी अपनी भाषा और भाषानुसार प्रान्त स्वीकार कराने के लिए बहुत कड़ाई के साथ आग्रह करते हैं।

(3) बहुभाषिक होने के कारण भारत में सम्मिलित

व्यवहार के लिए, वैदेशिक सम्बन्ध, प्रदेशों के आपसी तथा प्रदेश और केन्द्र के व्यवहार के वास्ते एक सम्मिलित भाषा–संघ भाषा–की आवश्यकता है। ऐसा न करने पर अंग्रेज़ी से हमारा पिंड नहीं छूट सकता, अंग्रेज़ी को स्वीकार करने का मतलब है, जनता को अलग रखना।

(4) संघ-भाषा वही हो सकती है, जिससे देश के बहुसंख्यक लोग परिचित हों, और जिसके शब्द में प्रादेशिक भाषाओं के बहुत अधिक शब्द हों।

(5) ऐसी भाषा हिन्दी ही है, जो प्रायः आधे भारत तक शिक्षा का माध्यम हो चुकी है, और प्रादेशिक भाषाओं की तरह अपने प्रारम्भिक काल से ही संस्कृत से आवश्यक शब्दों के लेने के कारण यह दूसरे प्रदेशवालों के लिए सुगम है। उर्दू इस बात में हिन्दी और प्रादेशिक भाषाओं से बिलकुल उलटी दिशा रखते हुए अरबी से अपने शब्द-कोश को समृद्ध करती चली आई है, इसलिए उसको संघ-भाषा मानने पर प्रादेशिक भाषाओं के लिए भारी कठिनाई उपस्थित हो जाती है।

(6) किन्तु, हिन्दी या किसी और भाषा को संघ-भाषा के तौर पर स्वीकार करना प्रादेशिक भाषाओं के प्रतिनिधियों की सहमति से ही होना चाहिए।

(7) 'हिन्दी-क्षेत्र' अब भी 1. बिहार, 2. उत्तर प्रदेश, 3. मध्य प्रदेश, 4. मध्य भारत, 5. राजस्थान, 6. विन्ध्य प्रदेश 7-8. पंजाब-पेप्सू के भाग, 9. हिमाचल प्रदेश, 10. अजमेर, 11. भूपाल के ग्यारह टुकड़ों में मनमाने तौर से बाँट दिया गया है। यदि उसकी जगह भाषानुसार इसे 1. हरियाना, 2. राजस्थान, 3. मालवा, 4. बुन्देलखंड, 5. ब्रज, 6. कुरु, 7. हिमाचल, 8. अवध, 9. भोजपुर (काशी-मल्ल), 10. मिथिला, 11. मगह आदि में बाँट दिया जाए, तो इसमें क्यों आपत्ति होनी चाहिए ? आज के ग्यारह प्रदेशों को रखने में शासन-व्यय के खर्च की बात नहीं उठाई जाती, किन्तु भाषानुसार प्रदेशों को पुनर्गठित करने पर खर्च का हौवा क्यों उठाया जाता है ? जनता की भाषा शिक्षा और साक्षरता के प्रसार में थोड़े ही दिनों में आशातीत सफलता प्राप्त करा सकती है, और पंचायतों तथा स्थानीय संस्थाओं (ज़िला-बोर्डों और नगरपालिकाओं) के स्वायत्त-शासन में जनता का

सहयोग उसकी भाषा बिना नहीं मिल सकता, यह तो निश्चित है।

(8) जनतान्त्रिक युग में जनता की भाषा की अवहेलना बहुत दिनों तक नहीं की जा सकती, आखिर भवितव्यता के सामने सिर झुकाना पड़ेगा।

(9) 'हिन्दी-क्षेत्र' की भाषाओं में ब्रज, राजस्थानी, अवधी और मैथिली बहुत पुराने समय से साहित्यिक भाषाएँ हैं, और दूसरी भाषाओं का भी पुराना लिखित साहित्य न होने के कारण उन्हें हम बोलियाँ नहीं कह सकते, क्योंकि वह सब तरह के भावों को प्रकट करने में समर्थ हैं, और आजकल उनमें साहित्य तैयार होने भी लगा है।

(10) हरेक बालक-बालिका को अपनी मातृ-भाषा में शिक्षा प्राप्त करने का अधिकार होना चाहिए, और सारे देश में जहाँ भी निर्धारित अल्पमत-संख्या में विद्यार्थी मिलें, वहाँ उनके लिए अपनी भाषा के विशेष स्कूल खोलने चाहिएँ।

(11) उक्त सिद्धान्त के अनुसार उर्दू भाषा-भाषियों को उर्दू के माध्यम से शिक्षा प्राप्त करने का अधिकार होना चाहिए, और यदि कोई छोटे-से-छोटा भी क्षेत्र ऐसा मिले, जहाँ के अधिकांश लोगों की भाषा उर्दू है, वहाँ उर्दू को राज्य-भाषा बनाया जाना चाहिए। लेकिन, 'हिन्दी-क्षेत्र' के ऊपर परिगणित भाषाओं के प्रदेशों में ऐसा कोई क्षेत्र नहीं है, जहाँ के बहुसंख्यक लोग अपनी भाषा उर्दू मानते हैं, इसलिए वहाँ उर्दू को राज्य-भाषा बनाने का प्रयत्न बहुसंख्यक जनता की इच्छा के विरुद्ध होगा, जिसका परिणाम उर्दू-भाषियों के लिए भी बहुत अच्छा नहीं होगा—नाहक कटुता पैदा होगी, जिसका लाभ सम्प्रदायवादी उठाएँगे। उर्दू के लिए अच्छा यही है कि वह अरबी अक्षरों का मोह छोड़कर नागरी को अपना ले, ताकि अधिक-से-अधिक लोग उसे पढ़ सकें। पुराने समय में शासकों की सांस्कृतिक पृथक्करण की नीति ने उर्दू (अरबी-फ़ारसी-मिश्रित हिन्दी) को जन्म दिया। आज पृथक्करण नहीं, सांस्कृतिक समन्वय हमारे देश और दूसरे देशों में भी ध्येय माना जाता है, नागरी लिपि को अपनाकर हम उसमें एक क़दम आगे बढ़ते हैं।

आलोचना (मासिक)

नए युग में हिन्दी

हिन्दी का इतिहास उतना ही भव्य है, जैसा कि विश्व की किसी भी उन्नत-से-उन्नत भाषा का हो सकता है। आठवीं शताब्दी से हिन्दी-साहित्य का इतिहास शुरू होता है। संस्कृत, पाली, प्राकृत, की महानिधियों के कारण उस आदि-युग में भी हमें सरह, स्वयम्भू, पुष्पदन्त जैसे महाकवि प्राप्त हुए। उस युग की सारी कृतियों की हम रक्षा नहीं कर पाए; किन्तु जो भी अपभ्रंश के ग्रन्थ-रत्न बचकर हम तक पहुँचे हैं, वे हमारे गर्व की वस्तु हैं। स्वयम्भू और सरह ने दोहा और चौपाइयों में जो कविताएँ आरम्भ कीं, वे गोस्वामी तुलसीदास से होकर पंडित द्वारकाप्रसाद के 'कृष्णायन' तक पहुँची हैं। मध्ययुग में कबीर, सूर, तुलसी जैसे काव्य निर्माता हुए, जिनकी कृतियाँ आज भी हमारे रोज़-रोज़ के उपयोग में आती हैं। तृतीय युग में देव, बिहारी, भूषण, पद्माकर जैसी प्रतिभाएँ हिन्दी के क्षेत्र में प्रादुर्भूत हुईं। हिन्दी का

आधुनिक काल अभी आधी शताब्दी से कुछ ही पहले आरम्भ हुआ। यद्यपि हमारे यहाँ भारतेन्दु, श्रीधर, हरिऔध, मैथिलीशरण, पन्त, प्रसाद, निराला, महादेवी आदि कितने ही उच्चश्रेणी के कवि पैदा हुए हैं; लेकिन इतने पर भी यदि हमें सन्तोष नहीं होता, तो यह अच्छे लक्षण हैं। हमारी हिन्दी भारत की आधी भूमि और लोगों की भाषा है, साहित्य-क्षेत्र में उसी के अनुरूप गुण और परिमाण में उसकी देन होनी चाहिए।

हिन्दी का गद्य-साहित्य

हिन्दी-गद्य-साहित्य नई चीज़ है। हमने इस क्षेत्र में भारत की कितनी ही भाषाओं से पीछे काम आरम्भ किया, जिसका प्रभाव होना ज़रूरी ठहरा। साहित्य के माध्यम या शैली के परिपक्व होने में कुछ समय लगता है। हिन्दी की गद्य-शैली को परिपक्व हुए मुश्किल से तीन दशाब्दियाँ[1] हुई हैं। उन्नीसवीं सदी में जब ईश्वरचन्द्र विद्यासागर और बंकिमचन्द्र बँगला-गद्य-साहित्य-गगन में अपनी ज्योति फैला रहे थे, उस समय हम चटसाल से बाहर नहीं हुए थे। यह हिन्दी की किसी स्वाभाविक त्रुटि के कारण नहीं हुआ। जहाँ दूसरी भारतीय भाषाओं के गद्य-पद्य की भाषा क्या होगी, उसके बारे में कोई सन्देह या प्रतिद्वन्द्विता का सवाल नहीं था, वहाँ हमारे यहाँ हिन्दी-क्षेत्र में अनेक स्वतन्त्र भाषाएँ थीं, जिनमें मैथिली, अवधी, ब्रज और राजस्थानी का स्वतन्त्र लिखित साहित्य भी मौजूद था और उच्चकोटि का था। जिस भाषा को हिन्दी गद्य और पद्य की भाषा और अन्त में सारे राष्ट्र की राष्ट्रभाषा बनने का सौभाग्य मिलने वाला था, वह लिखित साहित्य से सूनी थी। जब मेरठ-कमीश्नरी के साढ़े तीन ज़िलों की इस भाषा को व्यापक क्षेत्र के लिए स्वीकार भी कर लिया गया, तो वहाँ हिन्दी-उर्दू का झगड़ा खड़ा हो गया। इस झगड़े में उर्दू की पीठ पर अंग्रेज़ी शासकों का हाथ था। वे नहीं चाहते थे कि भारत की स्वतन्त्र भावनाओं की प्रतीक हिन्दी आगे बढ़े। कचहरियों में अंग्रेज़ी के बाद उर्दू का स्थान था, जिसके लिए वर्तमान शताब्दी के आरम्भ तक कायस्थ और कश्मीरी उर्दू के भक्त हो हिन्दी को फूटी आँखों नहीं

1. यह सन् 1949 के अन्तिम दिनों में लिखा गया लेख है।

देखना चाहते थे। कायस्थों और कश्मीरियों में यह बात किसी जात-पाँत के कारण नहीं थी। युक्त-प्रान्त (उत्तर प्रदेश), बिहार, राजस्थान आदि में जो नौकरी-पेशा जातियाँ या वर्ग थे, वे सभी उर्दू को अर्थकरी भाषा समझते थे और उसकी चरण-धूलि सिर पर लगाते थे। यह भी एक कारण था, जिसकी वजह से हिन्दी उतनी ही जल्दी अपने पैरों पर खड़ी न हो पाई, जितनी जल्दी कि बँगला और दूसरी भाषाएँ—हालाँकि बँगला के गद्य के निर्माण का आरम्भ भी अठारहवीं-उन्नीसवीं शताब्दी की सन्धि में उसी कलकत्ते से हुआ था, जहाँ हिन्दी और उर्दू के गद्य का आरम्भ।

हम अपने गद्य-साहित्य—उपन्यास, कहानी, निबन्ध आदि—से असन्तुष्ट भले ही हों; लेकिन हमारे पास प्रेमचन्द जैसा विश्व के लेखकों में स्थान रखनेवाला उपन्यासकार है। जैनेन्द्र, वृन्दावनलाल वर्मा, इलाचन्द्र जोशी, भगवतीचरण वर्मा, अज्ञेय, यशपाल आदि जैसे लेखनी के धनी अपनी कथा-रचनाओं द्वारा हिन्दी के गौरव को बढ़ानेवाले मौजूद हैं। हाँ, हम यह मानते हैं कि हमारे साहित्य और उसके स्रष्टाओं का परिमाण और संख्या हमारी संख्या के अनुरूप नहीं है। यहाँ साहित्यिक प्रतिभा रखनेवाले तरुण प्रायः अधखिले ही मुर्झा जाते हैं। काल के आघात से नहीं, बल्कि अपने परिश्रम और साधना के अभाव के कारण वे आगे बढ़ नहीं पाते।

हमारे साहित्य-सेवियों को यह बात ध्यान में रखनी होगी कि जैसे-तैसे कुछ पंक्तियाँ काली करके सन्तोष कर लेने से अब काम नहीं चलेगा, न मित्र-मंडली में परस्पर एक-दूसरे की प्रशंसा पा लेने से काम चलेगा। साहित्य-पारखी पहले भी अपने ही मित्र नहीं हुआ करते। उसकी प्रतीक्षा आनेवाली पीढ़ियाँ करती रही हैं और आज भी करेंगी, जिन पीढ़ियों के ऊपर किसी भी सिफारिश या चापलूसी का प्रभाव नहीं पड़ सकता। आज हिन्दी हमारे सारे देश की राजभाषा स्वीकार हो चुकी है। दूसरे देश भी इस बात को नोट कर रहे हैं। पेरिस-विश्वविद्यालय में हिन्दी लेनेवाले छात्रों की संख्या चौगुनी हो गई है, और विश्वविद्यालय को एक और अध्यापक नियुक्त करना पड़ा है। दुनिया के दूसरे स्वतन्त्र देशों में भी हिन्दी-पठन-पाठन का विस्तार होना अवश्यम्भावी है। फिर अपने देश के सभी प्रान्तों के स्कूलों में हिन्दी, पढ़ना अनिवार्य बनाया जा रहा है। यह सभी जानते हैं कि सेना और

केन्द्रिय नौकरियों तथा राजदूतिक सेवाओं के लिए हिन्दी का ज्ञान आवश्यक है। इसलिए भला कैसे कोई प्रान्त हिन्दी सीखने में अपने को पीछे रख सकता है ? इस प्रकार हमारे साहित्य के पारखी अब केवल हिन्दी-भाषा-भाषियों तक ही सीमित नहीं रहे, बल्कि सारे भारत की दूसरी भाषाओं के विद्वान तथा विदेशी हिन्दी भाषाभिज्ञ भी अपनी कसौटी पर रखेंगे। इसलिए हमारे साहित्य-सेवियों को अपने दायित्व को अच्छी तरह समझना चाहिए और ऐसे साहित्य का निर्माण करना चाहिए, जो भारत के दूसरे प्रदेशों तथा विश्व में हमारे मस्तक को ऊँचा रख सके। हमें विश्वास है कि हम इस परीक्षा में उत्तीर्ण होंगे।

जहाँ तक काव्य, कथा-साहित्य या निबन्धों का सम्बन्ध है, हमारे पास काफ़ी पूँजी है और शब्द-निधि पूर्ण है, जिसके द्वारा हम अपने सारे भावों को स्पष्ट और सूक्ष्मतापूर्वक प्रकट कर सकते हैं। किन्तु राजनीतिक परतन्त्रता के कारण देश की और भाषाओं की भाँति हिन्दी भी राज-काज और ज्ञान-विज्ञान के उपयोग के लिए अधिक विकसित नहीं हो सकी। आज राजनीतिक परतन्त्रता के हटने और हिन्दी को राजभाषा मान लेने पर उसके विकास के सारे रास्ते खुल चुके हैं। जिस तरह अंग्रेज़ी में सभी विषयों का माध्यम बनने की क्षमता है और उसके पास विशाल साहित्य है, उसी तरह अब हिन्दी को भी अपनें को बनाना है। देश की स्वतन्त्रता के साथ जब देश का संविधान बनने लगा, उसी समय हिन्दी से माँग की गई कि वह संविधान को अपना रूप दे। भारतीय संविधान के मसौदे के चार अनुवाद किए जा चुके थे, जिनमें दो हिन्दी के और एक-एक हिन्दुस्तानी और उर्दू के थे। इनमें तीन सरकारी या अर्द्ध-सरकारी थे। इनसे सन्तुष्ट न होकर संविधान-सभा के सभापति ने हिन्दी-अनुवाद के लिए एक विशेषज्ञ-समिति नियुक्त की, जिसने अभी हाल में अपना अनुवाद तैयार किया है, और वह जनवरी में प्रकाशित हो जाएगा। संविधान या विधान (क़ानून) का अनुवाद किसी ऐसी भाषा में करना आसान नहीं है, जिसमें विधान-सम्बन्धी साहित्य और परम्परा स्थापित नहीं हो चुकी है। लेकिन हम कह सकते हैं कि जो अनुवाद हाल में तैयार हुआ है, वह सन्तोषजनक सिद्ध होगा। इस अनुवाद के साथ-साथ हमें आठ सौ से अधिक विधान-सम्बन्धी पारिभाषिक शब्दों को निश्चित करने का अवसर मिला। अनुवाद-समिति

के छह सदस्यों में तीन हिन्दी और तीन अहिन्दी-भाषी थे। यह आवश्यक समझा गया कि अधिकांश संस्कृत की होने से परिभाषाएँ ऐसी होनी चाहिएँ, जो सारे देश में एक-सी हों। इसी से तेलुगु, बँगला और मराठी भाषा-भाषी विशेषज्ञ भी समिति में रखे गए। इसका परिणाम बहुत सुन्दर हुआ। परिभाषाओं को लेते समय हमने पूरब, पश्चिम और दक्षिण की भाषाओं का भी ध्यान रखा और बिना हिचक के इन भाषाओं से भी शब्द लिए गए। संविधान-सभा के सभापति ने सारे देश की एक तरह की परिभाषा हो, इसके लिए हिन्दी के अतिरिक्त असमी, बँगला, उड़िया, तेलुगु, तमिल, मलयालम, कन्नड़, मराठी, गुजराती, पंजाबी, कश्मीरी, संस्कृत और उर्दू के भी विशेषज्ञों का सम्मेलन बुलाया, जिसने विवेचना करके संविधान के आठ सौ शब्दों पर अपनी मुहर लगा दी। इन आठ सौ शब्दों में 90 प्रतिशत ऐसे शब्द हैं, जिन्हें तमिल, कश्मीरी और उर्दू को छोड़कर बाक़ी सभी भाषाएँ स्वीकार करने जा रही हैं। तमिल और कश्मीरी में भी बहुत बड़ी संख्या में यही पारिभाषिक शब्द लिए जाएँगे और बाक़ी को फुटनोट में रखकर लोगों को परिचत होने का मौक़ा दिया जाएगा। जहाँ तक संविधान के लिए आवश्यक शब्दों का सम्बन्ध है, वे हमारे पास अब मौजूद हैं। इन परिभाषाओं को लेने में किसी ने दुराग्रह नहीं किया था। हमारा ध्यान केवल इसी ओर था कि शब्द सुगम और आसानी से उच्चारण करने योग्य हों तथा जिन्हें भारत की अधिक-से-अधिक भाषाएँ स्वीकार कर लें। उर्दूवाले भाइयों को कुछ हताश ज़रूर होना पड़ा और उनके साथ नए मुल्ला हिन्दुस्तानीवालों को भी सन्तोष नहीं हो सका। लेकिन इसमें कसूर किसका है ? जिन अरबी के शब्दों के लिए लोग आमफहम और सर्वत्र प्रचलित होने का दावा करते थे, उनसे दूसरी भाषाओं के विशेषज्ञ यदि अपने को अनभिज्ञ कहते हैं, तो उनके मत्थे कैसे इन शब्दों को थोपा जा सकता था ? वैसे जो अरबी या फ़ारसी के शब्द अन्य भाषा-भाषी अधिकांश प्रान्तों में प्रचलित थे, उनको लेने में संकोच नहीं किया गया। अरबी के करार, रद, जामिन, दावा, ज़िला, शर्त, मंजूरी, जुर्माना, वकील, वादा—जैसे शब्द स्वीकार कर लिए गए हैं। इसी तरह और भी बहुप्रचलित कितनी ही विदेशी भाषाओं के शब्द संविधान-परिभाषाओं में लिए गए हैं :

दस्तावेज	(फ़ारसी)	डिग्री	(अंग्रेज़ी)
मंजूरी	”	फीस	”
लगान	”	गज़ट	”
सिफ़ारिश	”	प्रोमिसरी नोट	”
बन्दी	”	अपील	”
कारखाना	”	बैंक	”
बेकारी	”	बोर्ड	”
कुर्की	(तुर्की)	चेक	”
बाज़ार	”	कम्पनी	”
नौकरी	(मंगोल)	फेडरल	”

अधिक प्रगतिशील शब्द

भारत की भिन्न-भिन्न भाषाओं के विशेषज्ञ प्रतिनिधियों ने बड़े सौहार्द के साथ परिभाषाओं के सम्बन्ध में निर्णय किया। कौन शब्द कहाँ चलता है और कौन नहीं चलता, इसका पता लग जाने पर भी सभी लोगों ने शब्दों की लेन-देन में बड़ी उदारता से काम लिया। परिषद् के वाद-संवाद से सभी लोगों को मालूम हुआ कि सारे देश में अधिक प्रगतिशील वे ही शब्द हैं, जो संस्कृत से आए हैं। उनके भी तद्भव रूपों का एक-सा प्रचार बहुत कम देखा जाता है और तत्सम रूप ही सर्वत्र ग्राह्य है। हिन्दी-भाषा-भाषी तथा उत्तरी भाषाओं के कुछ और प्रतिनिधियों के लिए पंच और पंचायत अति प्रचलित शब्द मालूम होते हैं; लेकिन तेलुगु, मलयालम आदि दक्षिणी भाषाओं के लिए वे अपरिचित शब्द हैं। इसलिए 'मध्यस्थ' शब्द स्वीकार करना पड़ा। संस्कृत के भ्रम से बन्दी शब्द को सभी भाषाओं ने क़ैदी के अर्थ में स्वीकार किया। यद्यपि यह फ़ारसी का शब्द है, जिसके सत्यनारायण-कथा में आने से कितने ही लोग समझते हैं कि यह संस्कृत का शब्द है। संस्कृत में बन्दी नहीं, वन्दी शब्द है, जो वन्दीजन वन्दना करनेवाला या स्तुति-पाठक का पर्याय है। 'बन्द' संस्कृत के 'बन्ध' धातु का फ़ारसी रूप है, जहाँ महाप्राण व्यंजनों का अक्सर अल्पप्राण बन जाता है और 'बन्ध' 'बन्द' का रूप लेता है। संस्कृत के बन्ध धातु के धकार को अल्पप्राण 'द' नहीं बनाया जा सकता।

अस्तु। 'दोधरा' तद्भव शब्द है, जिसे दक्षिणवालों के लिए द्विगृह बनाना पड़ा। कभी-कभी रूढ़ि के कारण एक ही जगह दो शब्द रखना पड़ा। नागरिक और नागरिकता हिन्दी, बँगला आदि में बहुप्रचलित शब्द है; किन्तु दक्षिण में उसे चालाक या चालाकी के अर्थ में प्रयुक्त किया जाता है, इसलिए उन लोगों ने पौर और पौरत्व स्वीकार किया।

प्रान्तीय भाषाओं से भी कुछ शब्द लिए गए हैं। इनमें पंचाठ कश्मीरी भाषा का है, जो 'एवार्ड' का पर्यायवाची है। इसी तरह 'फिशरी' के लिए 'मीनक्षेत्र' तमिल मीन शब्द को लेकर बनाया गया है, जो पहले भी द्रविड़-भाषा से संस्कृत में लिया जा चुका था। संविधान के जो पारिभाषिक शब्द विशेषज्ञों की परिषद् ने स्वीकार किए, सभी निर्विरोध नहीं स्वीकृत हुए; किन्तु साढ़े तीन दर्जन सदस्यों में से किसी शब्द के विरोधी आधे दर्जन रहे। सबने अन्त में आशा प्रकट की कि स्वीकृत शब्दों को सारे देश में प्रचलित किया जाएगा। इन्हीं स्वीकृत शब्दों का उपयोग हिन्दी-अनुवादों में किया गया है।

भाव की नहीं, शब्द की प्रधानता

साधारण दृष्टि से देखने पर कोई-कोई शब्द अनावश्यक गढ़े-से मालूम होंगे और कोई-कोई कह उठेंगे कि उनकी जगह कोई अधिक प्रचलित शब्द लिया जा सकता था। कोई अधिक प्रचलित शब्द क्या, प्रचलित शब्द भी छोड़ा नहीं गया है। लेकिन क़ानून की बारीकियों को ध्यान में रखना भी आवश्यक था—विशेषकर अंग्रेज़ी क़ानून-परम्परा का हमारा देश अभी भी अनुसरण कर रहा है—उसमें भाव की नहीं, शब्द की प्रधानता मानी जाती है। शब्द की व्याख्या पर बड़े-बड़े मुकदमों के फ़ैसले निर्भर करते हैं। रूस और जर्मनी-जैसे देशों में भावों को प्रधानता दी जाती है, इसलिए वहाँ शब्दों के सम्बन्ध में बाल की खाल नहीं खींची जाती। हमें सम्मति, अनुमति, सहमति की तरह कई शब्द सूक्ष्म भेदों को दिखलाने के लिए स्वीकार करने पड़े हैं। सरकारी अधिकारियों और मन्त्रिमंडल आदि से सम्बन्धित बहुत से शब्द स्वीकृत किए गए हैं, जो व्यवहार में आने भी लगे हैं।

केन्द्र ने शासन और विधान (क़ानून) सम्बन्धी परिभाषाओं के निर्माण का काम भी हाथ में ले लिया है। ये परिभाषाएँ 40 हज़ार

से कम न होंगी। हमें आशा है, वह 1951 तक खत्म हो जाएँगी। सारे देश के न्यायालयों, विधानमंडलों तथा पार्लियामेंट एवं सरकारी कार्यालयों के व्यवहार के 50 हज़ार शब्दों में 49 हज़ार यदि एक हो जाएँ, तो यह हमारी राष्ट्रीय एकता के लिए कितनी बड़ी बात होगी, इसे कहने की आवश्यकता नहीं। इसके साथ यह भी याद रखने की बात है कि ऐसी एकता के लिए ज़बरदस्ती की आवश्यकता नहीं। वह तो असमी, बँगला, उड़िया, तेलुगु, मलयालम, कन्नड़, मराठी, गुजराती, हिन्दी की स्वाभाविक प्रवृत्ति के ही उपयोग से सुसाध्य है। इस एकता के कारण हमारी भाषाएँ एक-दूसरे से और भी नज़दीक आ जाएँगी, इसमें सन्देह नहीं। यह हिन्दी ही नहीं, देश की सारी भाषाओं का सम्मिलित उत्थान है, जिससे हमारी भाषाओं का नया युग आरम्भ हो रहा है। इसको पूरा करने के लिए वैज्ञानिक परिभाषाओं के सम्बन्ध में इसी प्रकार के प्रयत्न की आवश्यकता है।

वैज्ञानिक परिभाषाओं की संख्या 4-5 लाख सुनकर घबराने की आवश्यकता नहीं है। जिन लोगों ने परिभाषा-निर्माण में हाथ लगाए हैं, वे जानते हैं कि यह इष्टसाध्य ही नहीं कृतसाध्य भी हैं। किन्तु यह अच्छा नहीं है कि यह काम भिन्न-भिन्न भाषाएँ अलग-अलग करें। इससे परिभाषाओं में भिन्नता आएगी, जिसे परिभाषाओं के संस्कृतमूलक होने के कारण आसानी से रोका जा सकता है। यह खेदजनक बात है कि हिन्दी में भी परिभाषाओं के निर्माण का काम एक से अधिक जगहों में हो रहा है। सबसे अच्छा तो यह होता कि इस काम को भी केन्द्र अपने हाथ ले लेता। लेकिन हमारे शिक्षा-मन्त्री और शिक्षा-विभाग की जो नीति है, उससे कोई आशा नहीं रखी जा सकती। अभी तो इन्हें जैसे हो, तैसे अरबी-फ़ारसी शब्दों को हिन्दी के मत्थे मढ़ने के महायोजन से ही फुर्सत नहीं है। हिन्दी-क्षेत्र के बाहर के कितने ही बड़े-बड़े विज्ञानशास्त्रियों की धारणा है (जिसके पोषक हिन्दी-क्षेत्र में भी दुर्लभ नहीं हैं) कि अपनी भाषा द्वारा ज्ञान-विज्ञान का अध्ययन हमारे ज्ञान-तल को नीचे गिरा देगा। इसलिए साइन्स का अध्ययनाध्यापन केवल अंग्रेज़ी द्वारा होना चाहिए। उनके तर्क के अनुसार तो हमारे राष्ट्र को साइन्स के सम्बन्ध में सदा अंग्रेज़ी का मुँह जोहते रहना चाहिए। लेकिन क्या जापान ने विज्ञान की शिक्षा आरम्भ करते समय ऐसा सोचा था ? हमारे

एक-एक ज़िले के बराबर देश अपने विश्वविद्यालय में अपनी भाषा द्वारा शिक्षा देते क्या कभी ऐसा सोचते हैं ? वे ऐसा करके सफल रहे हैं, इसका पता तो उनके यहाँ के विज्ञान के नोबेल-पुरस्कार विजेता हैं। विज्ञान की शिक्षा में कोई भी देश अपनी भाषा तक ही अपने ज्ञान को सीमित नहीं रखता। सभी देशों के अनुसन्धानकर्त्ता दो-तीन दूसरी समृद्ध भाषाओं का भी व्यावहारिक ज्ञान प्राप्त करते हैं। हमारे देश में भी यही करना होगा और विज्ञान के विद्यार्थियों के लिए यूरोप की समृद्ध भाषाओं में से कम-से-कम दो के व्यावहारिक ज्ञान को अत्यावश्यक मानना होगा। लेकिन इससे अपनी भाषा के माध्यम बनने की अनिवार्यता को कम नहीं किया जा सकता। वैज्ञानिक परिभाषाओं के निर्माण का प्रबन्ध जब तक केन्द्र से नहीं होता, तब तक हमें हाथ-पर-हाथ रखकर बैठे नहीं रहना चाहिए। बिहार, युक्त-प्रदेश, मध्य-प्रदेश, मध्य-भारत, राजस्थान और पंजाब की सरकारों को सम्मिलित रूप से इस काम को चाहे हिन्दी-साहित्य-सम्मेलन के द्वारा या स्वतः कराना चाहिए। केवल 15 विद्वानों और 15 सहायकों के दो वर्ष और दस लाख के व्यय की आवश्यकता है, यदि सम्मेलन द्वारा इस काम को कराया जाए।

हिन्दी को इस नए युग में अपने साहित्य की पूर्णता को प्राप्त कराना है। परिभाषाओं के बन जाने की देर है। साहित्य का सृजन तो स्वतः होने लगेगा; क्योंकि उसकी सबसे बड़ी माँग स्कूलों और कालेजों की पाठ्य-पुस्तकों के रूप में होगी, जिसके लिए प्रकाशक सब-कुछ करने के लिए तैयार हैं। हिन्दी-माध्यम से विज्ञान पढ़े लोगों की संख्या-वृद्धि के अनुसार वैज्ञानिक साहित्य के सृजन में भी वृद्धि होगी।

नया समाज (मासिक), जनवरी 1950

एशिया में हिन्दी

दिल्ली में दूसरा एशिया सम्मेलन इंडोनेशिया के सम्बन्ध में हुआ था। वहाँ से लौटे बर्मी प्रतिनिधि ने जनवरी 1949 में मुझसे कहा था—कैसी विडम्बना है, हम ब्रिटिश और फ्रेंच साम्राज्यवाद के विरुद्ध अपनी आवाज़ बुलन्द करना चाहते हैं और हमारे सम्मेलन का सारा काम अंग्रेज़ी और फ्रेंच में होता है। मैंने पूछा—तो आप किस भाषा का उपयोग चाहते हैं ? उन्होंने कहा—अभी तो व्यावहारिक यूरोपीय भाषा ही हैं, क्योंकि हमारे प्रतिनिधि किसी दूसरी एशियाई भाषा का परिचय नहीं रखते, किन्तु क्या हम धीरे-धीरे संस्कृत को माध्यम नहीं बना सकते ?

भारत में भी कुछ लोग संस्कृत को राजभाषा बनाने की फ़िकर में हैं, यद्यपि उनकी संख्या बहुत कम है। मैंने उस दिन उनसे कहा भी था कि आपका ध्यान शताब्दियों पहले के ज़माने की ओर है, जबकि संस्कृत एशिया के बहुत

बड़े भाग में हमारे सांस्कृतिक सम्बन्ध का माध्यम रही। उस समय संस्कृत भारतवर्ष में भी सांस्कृतिक तथा राजनीतिक माध्यम का स्थान रखती थी, लेकिन आज उसे व्यवहार्य न समझकर हम हिन्दी को देश के भीतर सबके लिए साधारण माध्यम स्वीकार कर रहे हैं। हिन्दी वह काम आसानी से कर सकती है (जहाँ तक एशिया का सम्बन्ध है), जो कि किसी समय संस्कृत किया करती थी। जिन देशों में भारतीय काफ़ी संख्या में बसे हुए हैं–जैसे बर्मा (म्याँमार), मलाया, और स्याम (थाइलैंड)–वहाँ हिन्दी सभी प्रान्तों के भारतीयों की व्यवहार की भाषा बन गई है। हिन्दी में वह सारी क्षमता मौजूद है, जिससे कि वह प्राचीन काल के संस्कृत के काम को उठा ले।

हमारे देश भाइयों को यह मालूम नहीं है कि संस्कृत की उपयोगिता भारत से बाहर के एशिया के कितने ही देशों में आज भी है। वहाँ नई परिभाषाओं को बनाने के लिए संस्कृत का सहारा लिया जाता है। दक्षिण-पूर्वी एशिया में स्याम (थाइलैंड) ही एक ऐसा देश था, जो अपने बहुत से अंग को कटाकर भी राजनीतिक स्वतन्त्र इकाई-सा बना था। जहाँ स्कूल से लेकर युनिवर्सिटी तक स्यामी भाषा माध्यम थी, यद्यपि द्वितीय भाषा के तौर पर अंग्रेज़ी या फ्रेंच भी पढ़ाई जाती थी। आधुनिक ज्ञान-विज्ञान के पठन-पाठन के लिए परिभाषाओं की आवश्यकता सबसे पहले पड़ती है। स्याम ने पचासों हज़ार पारिभाषिक शब्द संस्कृत में बनाकर अपने यहाँ प्रयोग करना शुरू किया। आज लंका और बर्मा के लिए भी परिभाषाओं की आवश्यकता है, स्वतन्त्र कम्बोज को भी उसकी आवश्यकता होगी, यही नहीं तिब्बत और इन्डोनेशिया को भी परिभाषाओं को ढूँढ़ने के लिए सत्तू बाँधकर निकलना पड़ेगा। यद्यपि तिब्बती भाषा में संस्कृत के शब्दों को सीधे लेने की परिपाटी नहीं है, किन्तु उनकी परिभाषाएँ आयुर्वेद, ज्योतिष और दर्शन में संस्कृत के सहारे ही बनी हैं और आगे साइंस की परिभाषाएँ भी उसी के सहारे बनेंगी। उनके लिए यह काम बहुत आसान है, क्योंकि तिब्बती भाषा में संस्कृत के प्रत्येक धातु और उपसर्ग तथा प्रत्यय के प्रतिशब्द नियत हैं, उनको जोड़कर वह बड़ी आसानी से संस्कृत में बनी किसी भी परिभाषा को तिब्बती में बना सकते हैं।

इस प्रकार ये देश हमारे परिभाषा-निर्माण के काम में बहुत

दिलचस्पी रखें तो कोई आश्चर्य की बात नहीं। केन्द्रीय सरकार ने विधान (क़ानून) और शासन सम्बन्धी परिभाषाओं के लिए एक समिति बनाई है, जिसका मैं भी एक सदस्य हूँ। इन दोनों विषयों की परिभाषाओं की संख्या 40 हज़ार से कम न होगी। पिछले दस महीनों में केवल 900 शब्द बनकर विचारार्थ प्रस्तुत हुए। इस गति से चलने पर तो 15 साल नहीं, 30 साल परिभाषाओं के ही बनने में लग जाएँगे। जब तक विधान और शासन सम्बन्धी परिभाषाएँ नहीं बन जातीं, तब तक अंग्रेज़ी हमारा पिंड नहीं छोड़ सकती। यदि 15 साल बाद भी हिन्दी को अपना स्थान लेना है तो कार्य की गति और तेज करनी होगी। तीन वर्ष में हम इन परिभाषाओं को बना सकते हैं, लेकिन जब तक केन्द्रीय और प्रान्तीय क़ानूनों का हिन्दी में अनुवाद नहीं हो जाता, तब तक उस विषय के नए क़ानून को हिन्दी में पास नहीं करवाया जा सकता। काफ़ी परिश्रम और बहुत से हाथों के लगाने पर दस बरस में यह अनुवाद का काम ख़तम होगा। लेकिन दिल्ली के गद्दीधारियों को इसकी चिन्ता नहीं। जान पड़ता है, उनकी इच्छा अपने ही जीवन तक नहीं बल्कि अपने पुत्र-पौत्रों के भी जीवन तक के लिए अंग्रेज़ी को बनाए रखने की है। यद्यपि अपने चारों तरफ वे देख रहे हैं कि पुरानी मज़बूत दीवारें भी ढह रही हैं तो भी 'अर्थी दोषं न पश्यति' का अनुसरण करना ही उन्हें रुचिकर मालूम होता है। अस्तु। हमारे परिभाषा-निर्माण के कार्य में लंका, बर्मा और स्याम का भी स्वार्थ है। परन्तु हमारी सरकार इन बातों को कोई महत्त्व नहीं देती, कहने पर उसके कर्णधार कह उठते हैं—हमारे सामने इस वक़्त बड़े-बड़े काम हैं। 'इस छोटे काम' के लिए बहुत तरद्दुद की भी आवश्यकता नहीं, यदि दिल्ली में ही लंका, बर्मा और स्याम के राजदूतों को सूचित कर दिया जाए कि हमारी सरकार विधान और शासन सम्बन्धी परिभाषाएँ बनवा रही है, आपके यहाँ भी परिभाषाओं के बनाने की बात चल रही है या कार्य हो रहा है, जिसमें कि संस्कृत का सहारा लिया जा रहा है। इसलिए बेहतर है कि आप भी इस कार्य में अपनी सहमति दें और अपने एक विशेषज्ञ को भेजें, तो मुझे आशा है कि वे अवश्य इसमें भाग लेंगे।

राष्ट्रभारती

हिन्दी अपनी भूमि की अधिष्ठात्री

इस वर्ष से हमारा देश अब वही नहीं रहा, जो सदियों से चला आ रहा था।[1] जिस वक़्त आज का हिन्दी भाषा-भाषी भारत परतन्त्र हुआ, उस वक़्त हमारा हिन्दी का वह रूप गुजरात, कन्नौज, पटना में बोला और लिखा जाता था, जो सातवीं सदी में आरम्भ हुआ था और जिसके अमर-लेखक सरह, स्वयम्भू, पुष्पदन्त एवं हरिब्रह्म आदि थे। भाषा हमारी ही जैसी थी, किन्तु वह तद्भव का रूप था। उस समय के बाद हमारी भाषा दासों की भाषा समझी गई, फ़ारसी ने दरबारों और कचहरियों में अपना स्थान जमाया। धीरे-धीरे हिन्दी उस दयनीय अवस्था में पहुँची जब कि उन्नीसवीं सदी के आरम्भ में लल्लूलालजी ने 'प्रेमसागर' लिखा। फिर उन्नीसवीं सदी के अन्त में भारतेन्दु और उनके साथियों ने

1. अखिल भारतीय हिन्दी साहित्य सम्मेलन के पैंतीसवें अधिवेशन (27 दिसम्बर, 1947; हिन्दीनगर, बम्बई) के सभापति पद से दिए गए भाषण से।

हिन्दी को अपना स्थान दिलाने के लिए भगीरथ प्रयत्न किया। स्वर्गीय गोविन्दनारायण मिश्र, बद्रीनारायण चौधरी 'प्रेमघन', रामावतार शर्मा, महावीरप्रसाद द्विवेदी, श्रीधर आदि कितने तपस्वी और मनीषी जो स्वप्न देखते चले गए, वह आज पूरा हुआ। आज फिर अपने प्राचीनतम रूप अपभ्रंश हिन्दी की भाँति हमारी हिन्दी स्वतन्त्र-भारत की सम्माननीय भाषा का पद प्राप्त कर रही है। 700 सदियों का अन्तर है। इतने दिनों के अन्तर्धान के बाद हिन्दी-सरस्वती पुनः बड़े वेग से अपने स्थान पर प्रकट हुई है, और आज उसका दायित्व और कार्यक्षेत्र बारहवीं सदी से कहीं अधिक है। यद्यपि दरबारों में उस वक़्त भी उसका सम्मान था, कितने कागजपत्र भी लिखे जाते थे, तो भी अभी सबसे ऊँचा स्थान मातृभाषा को नहीं बल्कि संस्कृत को प्राप्त था। संस्कृत कवि ही ''ताम्बूलद्वयमासनञ्च लभते'' और ताम्रशासनों में भी संस्कृत का ही प्रयोग होता था। आज हमारे हिन्दी-भाषा-भाषी प्रान्तों में हिन्दी के सर्वेसर्वा होने में कोई बाधा नहीं डाल सकता। उसे हिन्दी-प्रान्तों के न्यायालयों, पार्लियामेंटों और सरकारी शासनपत्रों की ही भाषा नहीं बनना है, बल्कि आज के विकसित विज्ञान की हर एक शाखा के अध्ययन का माध्यम भी बनना है। यह बहुत भारी काम है, लेकिन मुझे विश्वास है, कि हमारी हिन्दी उसे सहर्ष वहन करेगी।

हिन्दी-संघ की राष्ट्रभाषा

आज फिर भारत एक संघ में बद्ध हुआ है। हमारे भारत-संघ की कोई एक भाषा भी होनी आवश्यक है। संघ-भाषा के बारे में कुछ थोड़े से लोग अपने व्यक्तिगत विचारों और कठिनाइयों को लेकर बाधा डालना चाहते हैं। हम पूछेंगे—संघ के काम के लिए भारत में बोली जानेवाली सभी भाषाओं को लेना सम्भव नहीं, फिर किसी एक भाषा को हमें स्वीकार करना होगा।

अंग्रेज़ी नहीं

फिर प्रश्न होगा : क्या हमारे संघ की राष्ट्रभाषा स्वदेशी होनी चाहिए या विदेशी, यानी अंग्रेज़ी होनी चाहिए या भारतीय ?

आश्चर्य करने की बात नहीं है कि यदि अब भी कुछ दिमाग यह सोचने का कष्ट नहीं उठाते और अब भी अंग्रेज़ी को राष्ट्रभाषा बनाए रखने का आग्रह करते हैं। यह भी दासता के अभिशाप का अवशेष है। चूँकि किसी की आँखें सूरज को नहीं देख सकतीं, तो सूरज को उगना ही नहीं चाहिए। चूँकि इन्होंने अंग्रेज़ी छोड़ किसी भारतीय भाषा पर अधिकार नहीं पाया, सदा साहबी ठाठ में रहे और कभी ख़याल भी नहीं किया, कि देश की जनता भी किसी भाषा से सम्बन्ध रखती है और उसका साहित्य, जहाँ तक शुद्ध साहित्य का सम्बन्ध है, विश्व की किसी भाषा से पीछे नहीं है। साहेबों के राज्य के चले जाने के बाद भी हमारे बीच में जो काले साहेब बच रहे हैं, उनकी "हाय अंग्रेज़ी, हाय अंग्रेज़ी" की ओर हमें अधिक ध्यान देने की आवश्यकता नहीं।

कोई भी अविकृत-मस्तिष्क आदमी आज अंग्रेज़ी को राष्ट्रभाषा बनाने की कोशिश नहीं करेगा। हाँ, यहाँ यह भी कह देना चाहिए, कि हमारे रेडियो अब भी अंग्रेज़ी को अधिक प्रचार का साधन मान रहे हैं। उन्हें फ्रेंच और रूसी रेडियो-प्रोग्रामों को देखना चाहिए और मालूम करना चाहिए, कि वहाँ कितने प्रतिशत मिनट प्रोग्राम अंग्रेज़ी में चलते हैं।

हिन्दुस्तानी या हिन्दी उर्दू दोनों नहीं

सवाल है—हिन्दी और उर्दू दोनों भाषाओं और दोनों लिपियों को भी क्यों न सारे संघ की राष्ट्रभाषा और राष्ट्रलिपि मान लिया जाए। पूछना है : अपनी मातृभाषा और उसके साहित्य के पढ़ने के साथ-साथ क्या दूसरी भाषा का बोझ ज्यादा-से-ज्यादा लादना व्यवहार और बुद्धिमानी की बात है ? संघ की राष्ट्रभाषा सिर्फ़ एक होनी चाहिए। दो-दो चार-चार भाषाओं को संघ की भाषा मानना किसी भी दृष्टि से ठीक नहीं है। स्वीट्ज़रलैंड की तीन भाषाओं का दृष्टान्त हमारे यहाँ भी लागू हो सकता था, यदि हमारा देश एक तहसील या तालुके के बराबर होता। हमारे यहाँ जो उदाहरण लागू हो सकता है, वह है सोवियतसंघ का, जहाँ 66 भाषाएँ बोली-लिखी जाती हैं। द्रविड़ भाषाओं में तो तब भी 60-60 प्रतिशत तक संस्कृत

शब्द मिलते हैं—वही संस्कृत शब्द जो उत्तरी भाषाओं में हैं, किन्तु सोवियत की मंगोल-तुर्की सम्बन्ध की पचासों भाषाओं का रूसी भाषा से कोई सम्बन्ध नहीं। तो भी वहाँ के लोगों ने संघ की एक भाषा मानते वक़्त रूसी को ही वह स्थान दिया, क्योंकि वह दो-तिहाई जनता की अपनी भाषा थी और देश में भी बहुत दूर तक प्रचलित थी। हिन्दी का भी वही स्थान है। इसलिए एक भाषा रखते वक़्त हमें हिन्दी को ही लेना होगा। हिन्दी भाषा-भाषी बहुत भारी प्रदेश तक फैले हुए हैं, इतना ही नहीं बल्कि असमी, बँगला, उड़िया, मराठी, गुजराती, पंजाबी ऐसी भाषाएँ हैं, जो हिन्दी जाननेवालों के लिए समझने में बहुत आसान हो जाती हैं, क्योंकि उनका एक दूसरे का बहुत निकट का सम्बन्ध है। मैंने उड़िया नहीं पढ़ी थी और न उसे सुनने का वैसा मौक़ा मिला था। लेकिन इस साल कटक में मैं एक नाटक देखने गया। मैं डरता था कि शायद समझने में दिक्कत होगी, लेकिन पहले दिन के ही संवाद को मैं 80 सैकड़ा समझ गया, और उड़िया भाषा ने अपने सौन्दर्य से मुझे बहुत आकृष्ट किया। मैंने यात्रा, दर्शन और राजनीति के सम्बन्ध में गुजराती, मराठी, उड़िया, बँगला भाषा-भाषियों के सामने कितनी ही बार व्याख्यान दिए हैं और भारी संख्या में उनके सावधानतापूर्वक सुनने से सिद्ध था कि वे हिन्दी समझ लेते हैं। हाँ, वहाँ इस बात का जरूर ध्यान रखना पड़ता था, कि हिन्दी में जब तब आनेवाले अरबी-फ़ारसी के शब्दों की जगह तत्सम संस्कृत शब्दों का प्रयोग किया जाए। इससे यह भी सिद्ध हो जाता है कि, अरबी-फ़ारसी से लदी उर्दू भाषा को भारत के दूसरे प्रान्तों पर लादा नहीं जा सकता।

और लिपी ? उर्दू-लिपि जो कि वस्तुतः अरबी लिपि है इतनी अपूर्ण लिपि है, कि उसे खुद बहुत से इस्लामी देशों से देशनिकाला दिया जा चुका है। उसको लादने का ख़याल तो हमारे दिल में आना ही नहीं चाहिए।

हिन्दी ही केवल

हिन्दी के राष्ट्रभाषा होने के लिए जब कहा जाता है, तो कहीं-कहीं से आवाज़ निकलती है—हिन्दीवाले सारे भारत पर हिन्दी का साम्राज्य

स्थापित करना चाहते हैं ? यह उनका झूठा प्रचार है और वह हिन्दी-भिन्न-भाषा-भाषियों के मन में यह भय पैदा करना चाहते हैं, कि हिन्दी के संघ-भाषा बनने पर उनकी भाषा का साहित्य और अस्तित्व ही मिट जाएगा। यह विचार सर्वथा निर्मूल है। अपने क्षेत्र में वहाँ की भाषा ही सर्वेसर्वा होगी। बंगाल में प्रारम्भिक स्कूलों से युनिवर्सिटी तक, गाँव की पंचायतों से प्रान्त की पार्लियामेंट और हाईकोर्ट तक सभी जगह बँगला का अक्षुण्ण राज्य रहेगा। इसी तरह उड़ीसा, आंध्र, तमिलनाडु, केरल, कर्नाटक, महाराष्ट्र, गुजरात, पंजाब और असम में भी वहाँ की भाषाओं का साहित्यिक और राजनीतिक दोनों क्षेत्रों में निराबाध राज्य रहेगा। हिन्दी का काम तो वहाँ ही पड़ेगा, जहाँ एक प्रान्त का दूसरे प्रान्त से सम्बन्ध होगा। इसको कौन नहीं स्वीकार करेगा कि बंगाली, उड़िया, मराठी, गुजराती, तिलंगे और कर्नाटकी जब एक जगह अधिकाधिक मिलेंगे, तो उनके आपसी व्यवहार के लिए कोई एक भाषा होनी चाहिए।

इतिहास हमें बतलाता है, कि ऐसी भाषा भारत में जब-जब राजनीतिक एकता या अनेकता भी रही, तब तब मानी गई। अशोक के शिलालेखों की भाषा मैसूर, गिरनार, जौगढ़ (उड़ीसा) और कलसी (देहरादून) इसका प्रथम प्रमाण है। फिर संस्कृत ने माध्यम का स्थान लिया, यद्यपि इसमें सन्देह है कि वह कचहरियों और दरबारियों की बहुप्रचलित भाषा न थी। अपभ्रंशकाल (7-13 सदी) में हम असम से मुल्तान, गुजरात-महाराष्ट्र से उड़ीसा तक अपभ्रंश भाषा में कवियों को कविता करते पाते हैं, उनमें कितने ही दरबारी कवि हैं। इस अपभ्रंश में यद्यपि इन सारे प्रदेशों की भाषाओं का बीज मौजूद है, परन्तु उसकी शिष्ट भाषा अवध और ब्रज के बीच की भूमि—पंचाल—की भाषा थी, जिसका मुख्य नगर कन्नौज मौखरियों के समय से गहड़वारों के समय (6-12वीं सदी) तक उत्तरी भारत का सबसे बड़ा राजनीतिक और सांस्कृतिक केन्द्र रहा। इस तरह अपभ्रंश उस समय सारे भारत में वही काम कर रही थी, जो गैरसरकारी तौर से आज तक और सरकारी तौर से आगे हिन्दी को सारे भारत में करना है।

हिन्दी को सारे हिन्दी-संघ के ऊपर राष्ट्रभाषा के तौर पर लादने का सवाल नहीं है। यह तो एक सीधी व्यवहार की बात है। मुसलमानी शासनकाल में भी कितनी ही हमारी अन्तर्प्रान्तीय

साधु-संस्थाएँ रहीं और वह आज तक चली जा रही हैं। उन्हीं को देखिए, किस भाषा को उन्होंने सुव्यवहार्य समझकर अपने भाषण और लिखा-पढ़ी के लिए स्वीकार किया। संन्यासियों के अखाड़ों और स्थानों को जाके देखिए या बैरागी अखाड़ों या स्थानों को देखिए; वह समुद्र की तरह हैं, जहाँ सचमुच ही सैकड़ों नदियाँ जाकर मिलती हैं और नामरूप विहाय समुद्र बन जाती हैं। इन अखाड़ों की बड़ी-बड़ी जमातें चलती हैं और कुम्भ के मेलों के वक़्त तो उनकी संख्या लाखों तक पहुँच जाती है। वहाँ जाकर पता लगाकर कि मलाबारी, तेलुगु, नेपाली, बंगाली, पंजाबी और सिन्धी साधु-संन्यासी किस भाषा में आपस में बातचीत करते हैं ? हिन्दी में, और सिर्फ़ हिन्दी में। इसका गाँधीजी के दक्षिण हिन्दी भाषा-प्रचार से कोई सम्बन्ध नहीं है। हमारी आज की हिन्दी संस्थाओं से सदियों पहले से यह काम हो रहा है। अखाड़ों में रखी अब भी आपको दो-दो सौ वर्ष की और कुछ पुरानी भी बहियाँ और चिट्ठियाँ इस बात का सबूत देंगी। इन्हीं अखाड़ों के एक प्रतिनिधि अतिकेचनगिरि ने 1866 सम्वत् (1809 ई) में सोवितय के बाकू नगर के पास ज्वालाजी के मन्दिर पर शिलालेख खुदवाकर लगाया—"॥:॥60॥ ओं श्री गणेशायनमः॥श्लोक॥ स्वस्ति श्री नरपति विक्रमादित राज साके॥ श्री ज्वालाजी निमत दरवाजा बणायाः अतीकेचनगिर सन्यासी रामदहावासी कोटेश्वर महादेवका ॥ ...असोज वदी 8 सम्वत् 1866॥"

स्मरण रखना चाहिए, कि सदियों से जब भारत में एकाधिपत्य और निरंकुश शासन का ही चारों तरफ बोलबाला था, साधुओं के यही अखाड़े थे, जिन्होंने जनतन्त्र का अच्छा आदर्श सामने रखा, तथा प्रान्तीयता और अखिल-भारतीयता की समस्या को हल किया, बहुत हद तक उन्होंने जाति भेद के बन्धन को भी शिथिल किया था।

अस्तु, इससे यह तो साफ़ है, कि जब-जब व्यवहार की बात आई, तब तब हिन्दी ही सारे भारत की अन्तर्प्रान्तीय भाषा स्वीकार की गई। यदि इस पुराने तजर्बे को नहीं मानते हैं, तो चाहें तो फिर तजर्बा कर लें। हिन्दी भाषा-भाषियों को अलग रखकर पंजाबी, असमी, बंगाली, उड़िया, आन्ध्र, तमिल, केरली, कर्नाटकी, मराठी, गुजराती लोगों को ही व्यवहार से इसके बारे में फ़ैसला करने के लिए

छोड़ दें। मैं समझता हूँ, यदि वे सारे भारत की एकता के पक्षपाती हैं, तो उनका तजर्बा भी हिन्दी ही के पक्ष का समर्थन करेगा।

लिपि

राष्ट्रलिपि : राष्ट्रभाषा हिन्दी स्वीकार करने पर भी कोई-कोई भाई रोमन-लिपि स्वीकार करने के लिए कह रहे हैं। क्या वह अधिक वैज्ञानिक है ? वैज्ञानिक का मतलब है, लिपि का उच्चारण के अधिक अनुरूप होना। लेकिन रोमन लिपि के 26 अक्षर हमारे सारे उच्चारणों को प्रकट नहीं कर सकते। नागरी अक्षरों में हम उससे ज़्यादा शुद्ध रूप से किसी भी भाषा को लिख सकते हैं, और बिना चिह्न दिए। चिह्न देने पर रोमन में जितने पेबन्द लगाए जाते हैं, उससे कम ही चिह्नों को लगा नागरी द्वारा हम दुनिया की हर भाषा के शब्दों को उच्चारणानुसार लिख सकते हैं। इसलिए जहाँ तक उच्चारण का सम्बन्ध है, हमारी नागरी दुनिया की सबसे अधिक वैज्ञानिक लिपि है।

लिपि सुधार : रहा सवाल प्रेस और टाइपराइटर का तो उसमें कुछ मामूली सुधार की आवश्यकता अवश्य है, और यह सुधार संयुक्त अक्षरों के टाइपों के हटाने, मात्राओं को अ के ऊपर लगाने तथा दूसरे अक्षरों पर लटकती मात्राओं के शरीर को अपने शरीर तक समेटकर किया जा सकता है। जिससे हिन्दी टाइपों की संख्या 485 की जगह 104 हो जाएगी, अंग्रेज़ी में 147 टाइपों का फौन्ड होता है। अंग्रेज़ी की तरह छोटे-बड़े अक्षरों का अनावश्यक बोझ हमारी लिपि पर न होने से टाइपराइटर में और सुविधा है, और अंग्रेज़ी टाइपराइटर के की-बोर्ड पर ही सारे टाइप लग जाते हैं। हाँ, टाइपराइटर बनानेवालों से हमारी यह शिकायत ज़रूर है, कि नागरी के इतने सुन्दर टाइपों के रहते भी आज तक निकले सभी टाइपराइटर बहुत भद्दे टाइपवाले हैं। लिपि में इन सुधारों के कर लेने पर कम्पोज के खाने कितने कम हो जाएँगे।

यद्यपि उक्त सुधारों के बाद टाइप करने और छापने दोनों दृष्टियों से हिन्दी रोमन से भी अधिक उपयोगी और मितव्ययी हो जाती है, और हमें और आगे बढ़ने की आवश्यकता नहीं है; तो भी यदि आप और भी बचत करना चाहें और उसी शरीर के टाइप में

रोमन की अपेक्षा आधे कागज में छापने का विचार रखते हों, तो अक्षरों के ऊपर और नीचे लगनेवाली मात्राओं को बगल में लगा दें। यह पहले कुछ भद्दी ज़रूर मालूम होंगी, लेकिन कोई योग्य कलाकार उस भद्देपन को बहुत कम कर सकता है।

इस प्रकार के सारे संघ की राष्ट्रभाषा और राष्ट्रलिपि हिन्दी ही होनी चाहिए। उर्दू भाषा और लिपि के लिए वहाँ कोई स्थान नहीं है।

उर्दू की भी नागरी लिपि हो : इसका यह अर्थ नहीं, कि उर्दू पढ़नेवालों के लिए सुविधा न दी जाए। हर एक को अपनी भाषा और अपनी लिपि पढ़ने का अधिकार होना चाहिए। जो उर्दू भाषा-भाषी अपनी शिक्षा उर्दू भाषा द्वारा लेना चाहते हैं, उन्हें इसके लिए पूरी स्वतन्त्रता मिलनी चाहिए। वे स्कूलों ही में नहीं, चाहें तो अलीगढ़ युनिवर्सिटी तक में उर्दू को माध्यम रख सकते हैं। लेकिन जो समय सामने आ रहा है, उसे देखते हुए मैं उन्हें परामर्श दूँगा कि लिपि के आग्रह को छोड़कर उर्दू के लिए भी नागरी लिपि को अपनाएँ। आख़िर पश्चिमी एशिया की ताजिक और तुर्की भाषाओं को अरबी लिपि से सम्बन्ध-विच्छेद कर लेने पर हानि नहीं बल्कि बहुत भारी लाभ हुआ है। सोवियत की ये भाषाएँ रूसी लिपि में लिखी जाती हैं, जो 32 अक्षरों की होने से रोमन से कहीं अधिक वैज्ञानिक है।

कोई-कोई उर्दूवाले कहने लगे हैं, कि क्यों न रोमन लिपि को ही अपनाया जाए। यदि हिन्दी (नागरी) लिपि अरबी लिपि की तरह दोषपूर्ण होती, तो हमें रोमन लिपि अपनाने में कोई उजर न होता। लेकिन रोमन-पक्षपाती उर्दूवाले भाइयों को नागरी जैसी लिपि को अपनाने में आनाकानी क्यों ? सिर्फ़ इसलिए कि अगर अरबी लिपि जाती है, तो साथ-साथ हिन्दी लिपि का भी बेड़ा गर्क हो !

इस्लाम को भारतीय बनना चाहिए : उनका भारतीयता के प्रति यह विद्वेष सदियों से चला आया है सही, किन्तु नवीन भारत में कोई भी धर्म भारतीयता को पूर्णतया स्वीकार किए बिना फल-फूल नहीं सकता। ईसाइयों, पारसियों और बौद्धों को भारतीयता से एतराज़ नहीं, फिर इस्लाम ही को क्यों ? इस्लाम की आत्म-रक्षा के लिए भी आवश्यक है कि वह उसी तरह हिन्दुस्तान की सभ्यता, साहित्य, इतिहास, वेशभूषा, मनोभाव के साथ समझौता करे, जैसे उसने तुर्की,

ईरान और सोवियत मध्य-एशिया के प्रजातन्त्रों में किया। धर्म को समाज के हर क्षेत्र में घुसेड़ना आज के संसार में बर्दाश्त नहीं किया जा सकता। अभी हमारे राष्ट्रीय मुसलमान भाई भी नहीं समझ पाए हैं, कि उनकी सन्तानों को नव-भारत में कहाँ तक जाना है। नवीन-भारत ऐसे मुसलमानों को चाहेगा, जो अपने धर्म के पक्के हों, किन्तु साथ ही उनकी भाषा, वेश-भूषा और खान-पान में दूसरे भारतीयों से कोई अन्तर न हो, भारत के गौरवपूर्ण इतिहास के प्रति आदर रखने में वे दूसरों से पीछे न हों। भारतीय-संघ के मुलसमानों की भी आज की तीसरी पीढ़ी में हिन्दी के अच्छे कवि और लेखक उसी परिमाण में होंगे, जिस परिमाण में वे आज उर्दू में हैं। वह समय भी नज़दीक आएगा, जबकि हिन्दी-साहित्य-सम्मेलनों का सभापति कोई हिन्दी का धुरन्धर साहित्यकार मुसलमान होगा। आख़िर पाकिस्तान के आधे से अधिक हिस्से में अरबी लिपि और अरबी मिश्रित भाषा न होने से पूर्वी बंगाल में इस्लाम को ख़तरा नहीं है, फिर हिन्दी से उन्हें क्यों ख़तरा मालूम होता है। यदि बुद्धि को प्रमाण मानते हैं, तो हिन्दी को उन्हें अपनाना चाहिए, नहीं तो भवितव्यता तो उधर ले ही जा रही है।

जहाँ तक सारे संघ की राष्ट्रभाषा और राष्ट्रलिपि का सम्बन्ध है, तर्क और तजर्बा सभी हिन्दी के पक्ष में हैं। हमारे कुछ नेता अभी नारद-मोह के शिकार हैं और वे सारी शक्ति इसके विरुद्ध लगा रहे हैं, किन्तु मुझे आशा नहीं कि उनकी बात स्वीकृत होगी। हठ करने पर भी इसमें तो सन्देह नहीं, कि व्यवहार्य न होने से उर्दू लिपि और भाषा का दूसरे प्रान्तों में प्रचार होने से रहा, हाँ, ख़ामख़ाह के झगड़े ज़रूर पैदा हो सकते हैं।

हिन्दी का स्थान

प्रान्तों में हिन्दी : सारे संघ की राष्ट्रभाषा के अतिरिक्त हिन्दी का अपना विशाल क्षेत्र है। हरियाना, राजपूताना, मेवाड़, मालवा, मध्य प्रदेश, युक्तप्रान्त (उत्तर प्रदेश) और बिहार हिन्दी की अपनी भूमि है। यही वह भूमि है, जिसने हिन्दी के आदिम कवियों सरह, स्वयम्भू आदि को जन्म दिया। यही भूमि है, जहाँ अश्वघोष, कालिदास, भवभूति

और वाण पैदा हुए। यही वह भूमि है जहाँ कुरु (मेरठ-अम्बाला कमिश्नरियों), पंचाल (आगरा-रुहेलखंड कमिश्नरियों) की भूमि में वशिष्ट, विश्वामित्र, भरद्वाज ने ऋग्वेद के मन्त्र रचे, और प्रवाहण, उद्दालक और याज्ञवल्क्य ने अपनी दार्शनिक उड़ानें कीं। इस भूमि के सारे भाग की हिन्दी मातृभाषा नहीं है, किन्तु वह है मातृभाषा जैसी ही। इस विशाल प्रदेश के हर एक भाग में शिक्षित, अ-शिक्षित, नागरिक और ग्रामीण सभी हिन्दी को समझते हैं। इसलिए यहाँ हिन्दी का राजभाषा के तौर पर, शिक्षा के माध्यम के तौर पर स्वीकार किया जाना बिलकुल स्वाभाविक है। कुछ राजनीतिक नेता हिन्दुस्तानी के नाम पर न जाने किस भलाई के ख़याल से उर्दू को भी यहाँ घुसेड़ना चाहते हैं। लेकिन यह तो निश्चित है कि इस बात में उनका व्यक्तित्व कोई काम नहीं करेगा। पन्त जी की सरकार ने युक्तप्रान्त (उत्तर प्रदेश) में हिन्दी के प्रति अपनी दृढ़ता दिखलाते हुए उसे एकमात्र राजभाषा स्वीकार किया, उसने बतला दिया कि हवा का रुख किधर है। दो-दो भाषा और दो-दो लिपि को राजभाष बनाने का अब कोई कारण नहीं है। तर्क पेश किया जाता है, कि अगर यहाँ के उर्दू-भाषा-भाषी मुसलमानों को हिन्दी पढ़ने पर मजबूर किया गया, तो बँटा हुआ हिन्दुस्तान फिर कभी एक न होगा। मानो, उर्दू को राजभाषा स्वीकार कर लेने पर एकता निश्चित है। मेरी समझ में तो अभी बँटे हुए हिन्दुस्तान की एकता की बात चलानी फ़जूल ही नहीं, हानिकर है। हमारी पीढ़ी जो कर सकती थी कर चुकी। एकता करने का काम अगली पीढ़ी का है, हमें इस एकता की बात करके उनके काम में कठिनाइयाँ नहीं पैदा करनी चाहिए। एकता तभी होगी, जब कि दोनों भागों में धर्मान्धता का स्थान राष्ट्रीयता और वैयक्तिक स्वार्थ का स्थान समाज-स्वार्थ लेगा।

उर्दू को लादने में और क्या भलाई समझी जाती है ? उर्दूवालों को हिन्दी पढ़ने के लिए मजबूर किया जाएगा ? यह तो जन-तान्त्रिक नियम है। जिस भाषा के अधिक बोलनेवाले होते हैं, वही भाषा राजकीय मानी जाती है। अल्पसंख्यकों की भाषा इस तरह नष्ट हो जाएगी ? यह भी आक्षेप नहीं हो सकता। मैं समझता हूँ, कि हमारी सरकार उर्दू पढ़नेवालों के रास्ते में रुकावट नहीं डालेगी, लेकिन साथ ही यह तो ज़रूर होगा कि जिनको सरकारी या कल-कारख़ानों की

नौकरियों को पाने का ख़याल है, उनके लिए हिन्दी पढ़ना आवश्यक होगा। आख़िर आज तक जब इनके लिए वे अंग्रेज़ी पढ़ते रहे, फिर अब हिन्दी पढ़ने में क्या हर्ज है। जैसे कि वह आज तक हाई-स्कूलों से युनिवर्सिटी तक अरबी-फ़ारसी पढ़ते रहे, वैसे आगे भी पढ़ते रहेंगे। हिन्दी तो केवल वही स्थान लेने जा रही है, जिसे अंग्रेज़ी ने ज़बरदस्ती दख़ल कर रखा था। विदेशी भाषा सीखने में जब उजर नहीं था, तो अपने देश की भाषा सीखने में क्यों उजर है ? हिन्दी भाषा 700 सालों से पदच्युत रहकर अब विशाल मध्यदेश में अपना स्थान ग्रहण करने जा रही है, इसके लिए हमें हर्ष होना चाहिए।

विश्व की महान भाषा : हिन्दी भारतीय संघ की राष्ट्रभाषा होगी और उसके आधे से अधिक लोगों की अपनी भाषा होने के कारण वह अन्तर्राष्ट्रीय जगत् में अब एक महत्त्वपूर्ण स्थान ग्रहण करेगी। चीनी भाषा के बाद वही दूसरी भाषा है, जो इतनी बड़ी जनसंख्या की भाषा है। हिन्दी के ऊपर इसके लिए बड़ा दायित्व आ जाता है। हिन्दी को एक विशाल जन-समूह के राजकाज और बातचीत को ही चलाना नहीं है, बल्कि उसी को शिक्षा का माध्यम बनना है। फिर आजकल की शिक्षा सिर्फ़ कविता, कहानी और साहित्यिक निबन्धों तक ही सीमित नहीं है। विश्व की प्रत्येक उन्नत भाषा का साहित्य अधिकतर साइंस के ग्रन्थों पर अवलम्बित है। अभी तक तो साइंस की पढ़ाई अंग्रेज़ी ने अपने सिर पर ले रखी थी, किन्तु अब अंग्रेज़ों के साथ अंग्रेज़ी का राज्य जा चुका है। सरह-स्वयम्भू से पन्त-निराला, महादेवी तक का हिन्दी काव्य-साहित्य बहुत सुन्दर और विशाल है। नाटक छोड़कर सभी अंगों में विश्व के किसी भी प्राचीन और नवीन साहित्य से उसकी तुलना की जा सकती है। कथा साहित्य में प्रेमचन्द ने जो परम्परा छोड़ी है, वह काफ़ी आगे बढ़ी है। किन्तु अब हमें हिन्दी में सारा ज्ञान-विज्ञान लाना होगा। कुछ लोग इसे बहुत भारी, शायद सदियों का काम समझते हैं। परन्तु, मेरी समझ में यह उनकी भूल है। आज जिस चीज़ की माँग हो, उसे साहित्य-जगत् में सृजन करनेवालों की कमी नहीं होती। अब तक उपन्यास कहानी, कविता की माँग थी, और लेखकों तथा कवियों ने इस माँग को बहुत हद तक पूरा किया।

युनिवर्सिटियों में हिन्दी : साइंस सम्बन्धी ग्रन्थों की माँग हमारी

आधे दर्जन से ऊपर युनिवर्सिटियों, सैकड़ों कालेजों और हज़ारों स्कूलों की ओर से होगी, तो क्या यह माँग बिना पूरी हुए रहेगी ? शिकायत की जाती है, कि हिन्दी में साइंस-सम्बन्धी पारिभाषिक शब्दों की बहुत कमी है। यह सवाल तो कुछ उन लोगों की ओर से उपस्थित किया जाता है, जो हमारे पिछले 40 साल के परिभाषा-निर्माण सम्बन्धी कार्य से परिचित नहीं हैं। वह परिभाषा ग्रन्थों के पास नहीं जाना चाहते, बल्कि चाहते हैं, कि शब्द स्वयं उड़-उड़कर उनके मुँह में आएँ। वह उनके मुँह में उड़-उड़कर आएँगे, यदि उन शब्दों का पुस्तकों में अधिक प्रयोग हो और पुस्तकें खूब चारों तरफ़ फैलें। यदि कोई साइंस का प्रोफ़ेसर ऐसी निराशापूर्ण बात करता है, तो मैं कहूँगा कि अब उसे विश्राम लेने की आवश्यकता है। उसने 20 साल पहले के फ़िज़िक्स और रसायनशास्त्र को पढ़ा होगा और आज वह अंग्रेज़ी में भी अपने विषय के नवीनतम साहित्य के समझने और पढ़ाने की क्षमता नहीं रखता है। ऐसे व्यक्तियों से जितनी जल्दी विद्यार्थियों का पिंड छूटे, उतना ही अच्छा। हाँ, यदि अध्यापक अपने विज्ञान, छात्र समूह और देश के प्रति अपने कर्त्तव्य को समझता है तो उसे निराश होने की आवश्यकता नहीं। मैंने "विश्व की रूपरेखा" में साढ़े चार सौ पृष्ठों में आधुनिक ज्योतिष, फ़िज़िक्स, रसायन, प्राणिशास्त्र और मनोविज्ञान के कितने ही गम्भीर विषयों पर विवेचन किया है। मुझे तो पारिभाषिक शब्दों की वहाँ कोई कठिनाई नहीं मालूम हुई। हाँ, कुछ नए शब्द गढ़ने की ज़रूरत पड़े, और वह तो सभी भाषाओं में किसी न किसी वक़्त नए गढ़ने पड़ते हैं; और कितने ही अन्तर्राष्ट्रीय प्रसिद्धि के पारिभाषिक शब्दों को भी अपनाना पड़ता है। अन्तर्राष्ट्रीय-प्रसिद्धि के शब्द कितने ही वस्तु के साथ आते हैं, सिर्फ़ विचारों के साथ नहीं। वस्तु के साथ आए विदेशी शब्दों को हर देश में हर भाषा में लिया गया है। उदाहरणार्थ रूसी भाषा बहुत कम पराए शब्दों को लेती है। उसने सांइस की जगह "नाउक" ओरियंटलिस्ट की जगह "वोस्तोकोवेद" (प्राच्य-वेद) और भाषाशास्त्र की जगह "यज़ीकोज़्नानेनिया" (भाषाज्ञान) को अपनाया—स्मरण रखना चाहिए कि वेद और ज्नानेनिया संस्कृत के 'विद' और 'ज्ञा' धातुओं की ही परम्परा के हैं। तो भी रूसी भाषा ने बहुत से अन्तर्राष्ट्रीय शब्दों के बायकाट करने की आवश्यकता नहीं समझी।

हमारे यहाँ भी इसकी ज़रूरत नहीं है, कि हम रेडियो, टेलीफ़ोन, इंजन या आक्सीजन, हाईड्रोजन जैसे अन्तर्राष्ट्रीय शब्दों का बायकाट करें। हाँ, ऐसे शब्दों का परिमाण कम अवश्य होना चाहिए।

अंग्रेज़ी भाषा स्कूलों में द्वितीय भाषा के तौर पर रहेगी, किन्तु वह बहुत दिनों तक एक मात्र द्वितीय भाषा नहीं रहेगी। हमें अपने विद्यार्थियों को रूसी-अंग्रेज़ी, फ्रेंच-जर्मन में से किसी एक को लेने की स्वतन्त्रता देनी होगी। हर स्कूल में ऐसा नहीं हो सकता। सोवियत के स्कूलों में भी—जहाँ बड़े व्यापक रूप से विदेशी भाषाओं के पढ़ाने का प्रबन्ध है—एक स्कूल में एक ही द्वितीय भाषा के पढ़ाने का प्रबन्ध रहता है। इसी तरह हमारे यहाँ के स्कूलों में भी ख़ासकर शहरी स्कूलों में किसी स्कूल में अंग्रेज़ी, किसी में फ्रेंच, किसी में रूसी, किसी में जर्मन भाषा का द्वितीय भाषा के तौरपर पढ़ाने का प्रबन्ध करना चाहिए—यही नहीं अरबी-फ़ारसी की तरह चीनी, जापानी को भी ऐच्छिक भाषा स्वीकृत करना चाहिए। यद्यपि इस तरह अंग्रेज़ी भाषा द्वितीय भाषा के तौर पर कुछ समय और चलेगी, किन्तु अब विद्यार्थियों को अंग्रेज़ी का ज्ञान धीरे-धीरे उतना ही होगा, जितना कि रूसी-जापानी हाई-स्कूलों के विद्यार्थियों में हम देखते हैं। मैंने वहाँ चार-चार पाँच-पाँच साल तक अंग्रेज़ी द्वितीय भाषा लेकर पढ़े विद्यार्थियों को देखा, वे न भाषा बोल सकते हैं और न बोली भाषा को आसानी से समझ सकते हैं। इसलिए आज साइंस सीखने के लिए अंग्रेज़ी की पूँछ पकड़ना अपने को मझधार में डुबोना है। हिन्दी में साइंस की पुस्तकें तैयार करने में हमारे साइंस के बूढ़े प्रोफ़ेसर सहायक तो क्या होंगे, बाधा डालने में ज़रूर कोई कसर उठा न रखेंगे लेकिन असाध्य और असंभव के शब्द तरुणों के शब्द-कोष में नहीं मिलते। मुझे कई ऐसे तरुणों से बातचीत करने का मौक़ा मिला है, जो साइंस के प्रतिभाशाली विद्यार्थी हैं। उन्होंने कभी असाध्य और असंभव का शब्द मुँह से नहीं निकाला। एक ने तो फ़िज़िक्स के एक बड़े गम्भीर भाषण का—जिसका सम्बन्ध फ़िज़िक्स के नवीनतम अंग परमाणु फ़िज़िक्स से है—हिन्दी में अनुवाद करके प्रकाशित कराया है। तरुण ने यह ज़रूर कहा, कि अनुवाद करने में कुछ अधिक समय और श्रम लगा। बूढ़े प्रोफ़ेसर के लिए यही समय और परिश्रम तो सबसे आफ़त की चीज़ है, जिसको टालने के लिए वह तरह-तरह के बहाने करते

हैं। उनसे मेरा कहना है—बाबा, यदि तुमसे चला नहीं जाता तो दूसरे का रास्ता तो न छेंको।

हिन्दी में वैज्ञानिक अनुसन्धान : जहाँ तक पढ़ाने का सम्बन्ध है, हिन्दी भाषा तो 1948 से युनिवर्सिटियों में पढ़ाने का माध्यम बन सकती है। रही अनुसन्धान की बात, तो उसके लिए विश्व की कोई एक भाषा पर्याप्त नहीं है। फ़िज़िक्स में ही जो नए-नए अनुसन्धान हो रहे हैं, वह सिर्फ़ अंग्रेज़ी में ही नहीं हैं, बल्कि फ्रेंच, जर्मन और रूसी भाषाओं में उनका बहुत-सा भाग छपता है; जिसे जाने बिना कोई अनुसन्धानकर्ता अपने विषय का नवीनतम ज्ञान नहीं रख सकता और कितनी ही बार अनुसन्धान हो चुकी समस्या पर वृथा मत्था मारने की ग़लती कर सकता है। इसलिए जहाँ तक अनुसन्धान का सम्बन्ध है, उसके लिए तो हमारे विद्वानों को अंग्रेज़ी ही नहीं, दो-एक और भाषाओं के समझने भर का ज्ञान होना आवश्यक है, जैसा कि दूसरे देशों में देखा जाता है।

यही नहीं, बल्कि हमारे यहाँ साइंस के सम्बन्ध में जो अनुसन्धान हों उनको विदेशी विद्वानों तक पहुँचाने का कोई प्रबन्ध करना होगा। इस पर शायद कोई कह उठे, कि तब तो अनुसन्धान की पत्रिकाएँ आज की तरह अंग्रेज़ी में निकलती रहनी चाहिएँ। लेकिन मैंने तो किसी देश में नहीं देखा, कि वैज्ञानिक अनुसन्धान बाहरवालों के जानने के लिए किया जाए। आज दुनिया में सबसे अधिक वैज्ञानिक अनुसन्धान-सम्बन्धी संस्थाएँ और कार्यकर्ता सोवियत रूस में हैं, किन्तु वहाँ सभी प्रकार के अनुसन्धान-सम्बन्धी लेख रूसी भाषा में छापे जाते हैं। पावलोफ़ ने कभी नहीं सोचा, कि अपने गवेषणा-सम्बन्धी पत्रों को रूसी छोड़ किसी अन्य भाषा में लिखे। आज भी वहाँ एक-से-एक दिग्गज पंडित साइंस की हर शाखा में काम कर रहे हैं और उनके गवेषणात्मक लेख रूसी भाषा में ही छपते हैं। हाँ, किन्हीं-किन्हीं लेखों का संक्षेप अंग्रेज़ी, फ्रेंच या जर्मन में से किसी एक में दे दिया जाता है, और किसी-किसी लेख का बाहरवालों के फ़ायदे के लिए पूरा अनुवाद भी छपता है। लेकिन वहाँ वाले जानते हैं कि हमारा सबसे पहला काम है, अपने देशवासियों में अधिक-से-अधिक साइंस का प्रचार करना। आख़िर 100 में से 99 पाठक अपने देश के ही होते हैं। अंग्रेज़ी भाषा में लिखने पर हम एक विदेशी पढ़नेवाले के

लिए लिखते हैं और 99 का ख़याल छोड़ देते हैं। इसलिए मैं तो समझता हूँ कि अनुसन्धान-पत्रिकाओं को हिन्दी में निकलना चाहिए। इसी तरह बंगाल आदि प्रान्तों में गवेषणापत्र वहाँ की भाषा में हों। यदि बँगला, उड़िया, पंजाबी, गुजराती और दक्षिण की भाषाएँ अपनी अनुसन्धान-पत्रिकाओं को अपनी भाषाओं और नागरी अक्षरों में निकालने लगें, तो इससे दूसरे भाषा-भाषी बहुत लाभ उठा सकते हैं। यदि ऐसा न भी हो सके तो भी हिन्दी में ऐसी अनुसन्धान-पत्रिका तो ज़रूर होनी चाहिए, जिसमें पृथक-पृथक या अनेक साइंस-सम्बन्धी ऐसे महत्त्वपूर्ण लेखों को छापा जाए, जो कि दूसरी भाषाओं की पत्रिकाओं में निकले हों। अनेक साइंस के अति महत्त्वपूर्ण लेखों को रूसी, अंग्रेज़ी, जर्मन और फ्रेंच संस्करणों में निकाला जाए, जिससे कि हमारी गवेषणाओं को बाहर के विद्वान भी जान सकें। मैं यह भी कहूँगा कि गणित और साइंस के संकेत-चिह्न हमें अन्तर्राष्ट्रीय स्वीकार करने चाहिएँ, जैसा कि रोमन लिपि से भिन्न लिपि रखनेवाली रूसी भाषा ने किया है।

आजकल की दुनिया में साइंस विधाता है। विधाता ही नहीं, वह कर्ता, धर्ता, हर्ता त्रिमूर्ति है। परमाणु-बम्ब ने उसे त्रिशूलधारी शंकर से भी अधिक भयानक सिद्ध कर दिया है। और भर्ता तो है ही। आज दुनिया का यह सारा वैभव साइंस का ही वरदान है। साइंस के भयंकर रूप को देखकर कितने निर्बल-हृदय घबड़ा उठे हैं और शाप दे देकर उसे शान्त करना चाहते हैं। भस्मासुर ने भी धोखा देकर वरदान ले लिया था, पर भस्मासुर को स्वयं भस्म होना पड़ा। साइंस के वरदान को दुरुपयोग किया गया है सही, किन्तु वही दुरुपयोग क्यों जापान के विरुद्ध किया गया ? क्यों नहीं उसे जर्मनी के विरुद्ध किया गया ? इसलिए कि चर्चिल और ट्रूमन दोनों जानते थे, कि जब तक परमाणु-बम्ब जर्मनी के एक-दो नगरों को ध्वस्त करेंगे, तब तक जर्मनी के उड़ंतू-बम्ब वेक्टीरिया, गैस और क्या-क्या बला लाकर इंग्लैंड पर उड़ेल देंगे। इसी डर के मारे उन्होंने हिरोशिमा को पसन्द किया, क्योंकि अमेरिका और इंग्लैंड की भूमि से बहुत दूर रहने से जापान कोई वैसा भयंकर प्रतिशोध नहीं ले सकता था। और शायद ऊँच-नीच जाति का भी ख़याल काम कर रहा हो। कुछ भी हो परमाणु-बम्ब लड़ाई में तभी व्यवहार में आएगा, जबकि दुनिया पर

प्रभुत्व जमाने की इच्छावाले सत्ताधारियों की हिये की फूट गई हो, और वह दूसरों के असगुन के वास्ते अपने सर्वनाश के लिए तैयार हो। भयंकर ज़हरीली गैसों के निकलने पर भी अभी तक इसी डर से युद्ध में उनका प्रयोग नहीं किया गया—हिटलर जैसा नृशंस पागल भी नहीं कर सका; तो अब यह आशा नहीं रखनी चाहिए कि पूँजीवाद परमाणु-बम्ब की सहायता से दिग्विजय की तीसरी लड़ाई छेड़ेगा।

साइंस संहार से बहुत अधिक सृष्टि करने की क्षमता रखता है। 30-32 लाख की आबादी के फ़िनलैंड के शहरों को उतने से ज़्यादा आबादी के मुजफ़्फ़रपुर और दरभंगा के ज़िलों से मिलाइए तो इस रहस्य को जान जाएँगे, कि कैसे इतनी थोड़ी आबादी के रहते भी पाँच-पाँच, छह-छह तल्ले की अट्टालिकाओंवाले पचासों शहर वहाँ बसा लिए गए हैं और आज वहाँ बँगलों, सड़कों, रेलों, कारख़ानों आदि के रूप में अपार सम्पत्ति सारे देश में बिखरी पड़ी है। अगर केवल हाथ और पुराने युग के हथियारों का सहारा लेना होता, तो वह भी हमारी तरह की झोपड़ियों में रहते। सच तो यह है कि हमारे देश की भी दरिद्रता दूर करने का एक ही रास्ता है, जिसे कि साइंस हमें बतलाता है। इसीलिए आज हिन्दी-साहित्य को अपने देश को साइंस के प्रशस्त पथ पर चलने के लिए साधन बनकर आगे आना है।

हिन्दी-साहित्य

काव्य और कथा-साहित्य : हमारा साहित्य जहाँ तक काव्य-साहित्य का सम्बन्ध है, बहुत समृद्ध है। संस्कृत-प्राकृत-काव्यनिधियों के हम उत्तराधिकारी हैं, इतना ही नहीं बल्कि आगे चलकर अपभ्रंश काल से मध्यकाल होते हुए आज तक हमारे काव्य ने बराबर उन्नति की है। अपभ्रंश-काल के सरह-स्वयम्भू, मध्य-काल के सूर-तुलसी से आज के पन्त-प्रसाद-निराला तक हमारे कवियों ने ऐसी काव्य-सृष्टि की है जिसके लिए हम गर्व कर सकते हैं। कथा-साहित्य में भी यद्यपि हमारा आरम्भ ऐतिहासिक कारणों से बहुत पीछे से हुआ, लेकिन प्रेमचन्द ने इस क्षेत्र को बहुत समृद्ध किया, और उनके उत्तराधिकारियों ने अपने काम को जारी रखा है। जिस तरह हर दशाब्दी में महाकवि की हम आशा नहीं रख सकते, उसी तरह हमें हर दशाब्दी में प्रेमचन्द की भी

आशा नहीं रखनी चाहिए। लेकिन जो साहित्य-रचना इस विषय में हो रही है, उससे असन्तुष्ट होने का कोई कारण नहीं। दर्जनों हमारे सिद्धहस्त लेखक अच्छे-अच्छे बड़े-बड़े भी मझोले परिमाण के भी उपन्यास और छोटी-छोटी कहानियाँ भी लिख रहे हैं। इस निर्माण में विशाल देश के हरेक प्रान्त की प्रतिभा काम कर रही है और हर दृष्टिकोण से। इसीलिए हमारे कथा-साहित्य में विचित्रता और नवीनता भी बहुत है। हाँ, हमारे क्षेत्र को और बढ़ाना होगा; क्योंकि आपको मालूम है, हमारे हिन्दी-भाषा-भाषी बन्धु दक्षिणी अमेरिका के गायना, ट्रिनिडाड से लेकर मोरिसस, अफ्रीका होते प्रशान्त महासागर के फीजी द्वीप तक फैले हुए हैं। हमारे कथा-लेखक के लिए यह बहुत बड़ा क्षेत्र है। हमारे भाइयों का वहाँ का जीवन, समाज, आजकल कैसा है और उस वक़्त कैसा था, जब कि वह कुली बनकर इन देशों में पहुँचे थे आदि-आदि के चित्र हमारे साहित्य में आने चाहिए। इसके लिए हमारे साहित्यकारों को अब इन द्वीपों में जाना चाहिए। वह इस तरह स्वयं ही साहित्य-रचना करने में सफल नहीं होंगे, बल्कि उनकी उपस्थिति वहाँ के तरुणों में प्रेरणा पैदा करेगी; तरुणों को हमारे आधुनिक साहित्य से परिचय होगा और वहाँ भी साहित्य-रचना का आरम्भ होगा।

नाट्य-साहित्य हमारा निर्बल अवश्य है, यद्यपि हमारे पथ-प्रदर्शक भारतेन्दु हरिश्चन्द्र नाट्यकार ही नहीं थे, बल्कि अभिनेता भी थे। उन्होंने यह साहस उस समय दिखलाया, जबकि समाज में कट्टरता बहुत अधिक थी। नाट्य-रचना-कला रंगमंच के साथ-ही-साथ बढ़ सकती है और आज हिन्दी का रंगमंच जिस अवस्था में है, वह आप सबको मालूम है। फ़िल्म भी यद्यपि रंगमंच का ही एक रूप है, लेकिन वह उससे एक अलग चीज़ है। नाट्य-कला की उन्नति के लिए रंगमंच का प्रचार अत्यावश्यक है। दूसरे देशों में संवादात्मक नाटक, संगीत-मिश्रित नाटक, पद्यमय-नाटक (ओपेरा) मूक-नाट्य (कथकली या बैले) आदि कितने ही प्रकार के रंगमंच प्रचलित हैं। पूँजीवादी देशों में रंगमंच और उसके कलाकारों को सिनेमा से बहुत क्षति हुई है सही, तो भी कला-प्रेमियों ने उन्हें जीवित रखा है। सोवियत रूस में रंगमंच पहले से कई गुना बढ़ गया है। हमारी नाट्य-रचना-कला की अभिवृद्धि के लिए रचनाकारों और कलाकारों का निकट का सम्बन्ध

अत्यावश्यक है। बिना अभिनय-कला के साक्षात्-परिचय के नाटक नहीं लिखा जा सकता; कविता और उपन्यास शायद इस तरह के सम्बन्ध के बिना लिखे भी जाएँ।

समालोचना-साहित्य : साहित्य की उन्नति के लिए समालोचना एक आवश्यक साधन है। एक ओर वह साहित्यकारों के गुण-दोष दिखाकर उन्हें सीखने का मौक़ा देती है, दूसरी ओर कृतियों की विवेचना द्वारा पाठकों में सत्साहित्य के पढ़ने की रुचि पैदा करती है। साहित्यकार की बहुधा एकांगीन प्रवृत्ति होती है। समालोचक उसके सामने तस्वीर का दूसरा पहलू रखकर साहित्यकार की कमी को दूर कर सकता है। आज का साहित्यकार अपनी रचनाओं में एक पक्ष पर प्रहार करते बहुत अति में चला जाता है और उसे उसके कोई गुण नहीं दिखाई पड़ते, दूसरा साहित्यकार दूसरे पक्ष की अति में जाता है। इस तरह दोनों ही वास्तविकता से बहुत दूर हो जाते हैं। समालोचक ही उनके इस अतिचार को दिखलाते हुए वास्तविकता के पास ला सकता है। इसी तरह ग्रन्थकार सर्वज्ञ तो होता नहीं, कभी अनजाने भी अनौचित्य कर बैठता है। और यह अनौचित्य ऐसे लेखकों से होता दिखाई देता है, जिनकी लेखनी और कल्पना शक्तिशाली है। लेकिन आलस्य इतना है, कि किसी विषय पर कलम उठाते वक़्त उस विषय की जानकारी के बारे में पर्याप्त पढ़ने-समझने का कष्ट नहीं उठाते। कोई अपनी कहानी में अशोक के युद्ध में बारूद की मैगजिन में आग लगवाता है, और कोई चन्द्रगुप्त मौर्य के समय नालन्दा और विक्रमशिला के भिक्षुओं को भेजता है। इसी प्रकार स्थान-काल सम्बन्धी अनेक अनौचित्य आलस्य एवं असावधानी के कारण होते हैं। इसका परिमार्जन तभी हो सकता है, जब हमारे साहित्य में सत्समालोचक हों। सत्समालोचक का काम केवल दोषों का ही दिखलाना नहीं है, बल्कि गुणों को भी बतलाना है, और दोषों को दिखलाते वक़्त भी सहृदयता को हाथ से नहीं छोड़ना है। अभी कुछ साल पहले तक हमारे साहित्य में समालोचना-साहित्य की बड़ी कमी थी, समालोचकों का भी अभाव था; लेकिन आज हमारे सामने आधे दर्जन समालोचक हैं जो अधिकांश तरुण हैं; किन्तु इतने ही समय में उन्होंने जो लिखा है, उससे हमें आशा होती है कि हमारी साहित्य-वृद्धि में समालोचना-साहित्य पीछे नहीं रहेगा।

अनुवाद : अनुवाद या स्वतन्त्रानुवाद से ही हमारे गद्य-साहित्य की सृष्टि हुई है और जहाँ तक हमारे प्राचीन या प्रान्तीय साहित्य का सम्बन्ध है, हमारी भाषा में उनके काफ़ी अनुवाद हैं। किन्तु उनमें भी अधिक मूलाक्षेपी सरस अनुवादों की कमी है। और हमारे साहित्य में विश्व की अनर्घ कृतियों के प्रामाणिक अनुवाद अभी हुए भी नहीं हैं। जो हुआ है, वह भी सम्पूर्ण एक स्थान पर परिचय और मूल्यांकन के साथ नहीं मिलता। उदाहरणार्थ कविकुलगुरु कालिदास की कृतियों को ही ले लीजिए। हमें उनकी सारी कृतियाँ मूलानुसारी सुन्दर काव्यमय अनुवाद के रूप में एक जगह मिलनी चाहिएँ और साथ ही संक्षेप में कवि के जीवन और उनके काव्य के मूल्यांकन का भी परिचय रहना चाहिए। आज ऐसे ग्रन्थ कहाँ हैं ? हमारे सभी बड़े-बड़े कवियों—वाल्मीकि, अश्वघोष, भास, कालिदास, भवभूति, वाण आदि की संस्कृत कृतियाँ; गाथा-सप्तशती, गौड़बध आदि प्राकृत कृतियाँ; इसी तरह अपभ्रंश-मध्यकाल-आधुनिककाल के हिन्दी महाकवियों की रचनाएँ परिचय-सहित इकट्ठा मिलनी चाहिए। यह बहुत बड़ा काम है; किन्तु हिन्दी भी बहुत बड़ी भाषा है, उसके सपूत और साधन भी बहुत हैं और यह काम आवश्यक भी है। हमारे अपने ही साहित्य के ज्ञान के लिए हिन्दी को साधन नहीं बनना है, बल्कि एक-डेढ़ पीढ़ी में अंग्रेज़ी का पल्ला छूट जाने पर विश्व-साहित्य के ज्ञान के लिए भी हमारे लिए हिन्दी का ही सहारा रह जाएगा। इसलिए आवश्यक है कि विश्व-साहित्य की अनमोल निधियाँ हिन्दी में आएँ और मूल-भषा से अनूदित होकर। इसके लिए प्राचीन ग्रीस और रोम के साहित्य से लेकर फ्रांसीसी, अंग्रेज़ी, रूसी, जर्मन और दूसरी भाषाओं के भी मुख्य-मुख्य साहित्यकारों के काव्य, कथा, नाटक, और निबन्ध हिन्दी में अनूदित होने चाहिए। हमें हिन्दी को इतना सम्पन्न कर देना है, जिसमें हिन्दी पाठकों और लेखकों के लिए परमुखापेक्षी बनने की आवश्यकता न रह जाए।

साहित्यकारों की समस्याएँ : दुनिया के दूसरे देशों में भी साहित्य की आरम्भिक दशा में साहित्यकारों को कम कष्ट नहीं उठाना पड़ा; किन्तु दूसरे देशों में उच्च और मध्यम श्रेणी के साहित्यकारों की कठिनाइयाँ साहित्य के विकास के साथ बहुत कुछ दूर हो गई हैं। बहुत कुछ इसलिए कह रहा हूँ कि पूँजीवादी देशों में

जहाँ प्रकाशन ने एक बहुत बड़े व्यवसाय का रूप ले लिया है, स्वतन्त्र विचारवाले साहित्यकारों के रास्ते की बाधाएँ अब भी कम नहीं हुई हैं। हिन्दी में अभी वह समय आया है, जब कि पुस्तकों की माँग बढ़ी है और जैसे-जैसे जनता की शिक्षा और जीवनतल ऊँचा होता जाएगा, वैसे ही और भी माँग बढ़ेगी। अभी तक तो ख़रीदारों की कमी से एक हज़ार से अधिक का संस्करण निकालना मुश्किल था। अब बड़े-बड़े संस्करणों की माँग हो रही है किन्तु काग़ज़ की कमी उसमें बाधा डाल रही है। काग़ज़ की कमी अभी काफ़ी समय तक रहेगी, और यदि प्रारम्भिक शिक्षा को सब जगह अनिवार्य कर दिया जाए, तो हमारे सारे कारख़ानों के काग़ज़ पाठ्य-पुस्तकों और सरकारी कामों में ही खप जाएँगे। जिस तरह देश की दरिद्रता हटाने, सैनिक क्षमता के बढ़ाने के लिए देश का उद्योग-प्रधान होना आवश्यक है, उसी तरह साहित्य के विस्तार के लिए भी उसकी अत्यन्त आवश्यकता है। वस्तुतः शिक्षा, साहित्य, संस्कृति, उद्योग-धन्धा सब एक के साथ जुड़े हुए हैं। तो भी साहित्य का सृजन और प्रकाशन जिस मात्रा में बढ़ रहा है, उस मात्रा में साहित्यकारों की स्थिति में सुधार नहीं हो रहा है। पत्रकार-पितामह द्विवेदी जी के वचन अब भी हमें मूर्तिमान अपने साहित्यकारों और पत्रकारों के जीवन में दिखलाई पड़ रहे हैं : ''मुझ अपुण्यकर्मा ने अपनी आयु के कोई 60 वर्ष अधिकतर तिल, तंडुल, लवण और ईंधन ही की चिन्ता में बिता दिए। अपनी मातृभाषा हिन्दी की उन्नति के लिए जो-जो काम करने का संकल्प मैंने किया, वे सब मैं नहीं कर सका। यह जन्म तो मेरा अब गया। आप उदारता और दयालुतापूर्वक मेरे लिए परमात्मा से अब यह प्रार्थना कर दीजिए कि जन्मान्तर में ही वह किसी तरह के काम करने का सामर्थ्य मुझे दे।''

अब भी वर्षों की मेहनत की कमाई को एक साहित्यकार तीन हज़ार में बेच डालता है, प्रकाशक बीसों बार मोल-तोल करके उसे ख़रीदकर हाथ-कटे साहित्यकार से मोंछ पर ताव देकर कहता है—''तीस हज़ार तो मेरे इस पर रखे हुए हैं।'' अपने अधिकार की रक्षा के लिए नहीं बल्कि अपनी जीवन-यात्रा को चलाने के लिए भी साहित्यकार के लिए कुछ करने की आवश्यकता है। साहित्यकारों के संगठन से भी कुछ हो सकता है, किन्तु जगह-जगह बिखरे हुए और

धनहीन साहित्यकारों का यह संगठन उतना सबल नहीं हो सकता, ख़ासकर जबकि उनमें साहित्यिक सहिष्णुता की तरह वैयक्तिक और दलगत असहिष्णुता भी अधिक है। इसलिए उनकी रक्षा के लिए चारों तरफ़ से प्रयत्न करना चाहिए। उनका संगठन भी करना चाहिए। उनका सहयोगी-प्रकाशन भी होना चाहिए। सहयोगी-प्रकाशन में भी देखा गया है, कि बीच में पैसे की सहायता देनेवाला कोई आ टपकता है और फिर सहयोगी-संस्था उसके पाकेट में चली जाती है। तो भी इससे निराश होने की आवश्यकता नहीं। और एक बड़ी बात कि क़ानून द्वारा साहित्यकारों के अधिकारों की रक्षा होनी चाहिए। एक से अधिक संस्करण का अधिकार किसी को नहीं मिलना चाहिए। क़ानूनन साहित्य-सम्मेलन को अधिकार मिलना चाहिए कि हिन्दी लेखकों पर यदि प्रकाशकों की ओर से अत्याचार होता देखा जाए, तो उनकी कृतियों को वह प्रकाशक से लेने का अधिकार रखे। साथ ही सम्मेलन को यह भी अधिकार होना चाहिए कि किसी भी साहित्यकार की कृतियों से या अनेक साहित्यकारों के ग्रन्थों से लेकर पृथक संग्रह प्रकाशित कर सके। सम्मेलन उसके लिए साहित्यकारों को पर्याप्त पुरस्कार देता ही है, और उसका पहले ही से नियम है, कि वह किसी ग्रन्थकार का ग्रन्थ सदा के लिए नहीं ख़रीदता। लेखकों और अनुवादकों की 'रायल्टी' भी निश्चित और पर्याप्त होनी चाहिए—लेखकों की कम-से-कम 20 प्रतिशत और अनुवादकों की 15 प्रतिशत रायल्टी होनी चाहिए, और उसमें से आधी पहले मिलनी चाहिए। साथ ही अनिश्चित काल तक पुस्तकों को बिना छापे पास में रखने का भी प्रकाशक को अधिकार नहीं होना चाहिए। यदि सालभर तक प्रकाशक पुस्तक प्रकाशित नहीं करता, चाहे वह पहला संस्करण हो या आगे का संस्करण, तो क्षतिपूर्ति के साथ पुस्तक ग्रन्थ-कर्ता को लौटा देनी चाहिए। 15 अगस्त से पहले के क़ानून के अनुसार प्रकाशकों को जो हक़ मिल चुके हैं, उन्हें तो हर हालत में मन्सूख हो जाना चाहिए, और लेखकों को फिर अपनी कृतियाँ मिल जानी चाहिए।

पत्र और पत्रकार : पत्रकारों के वेतन में वृद्धि अवश्य हुई है, किन्तु उसके साथ यदि हम जीवन-सामग्री के तिगुने-चौगुने बढ़े मूल्य को देखते हैं, तो वह अब भी कम है। उसके साथ-साथ जब हम पत्रों

की ग्राहक-संख्या में वृद्धि और उनके बड़े-बड़े नफ़े को देखते हैं, तो कोई कारण नहीं मालूम होता, कि पत्रकारों को ही क्यों सबसे अधिक पिसना पड़े। आज हमारे पत्र बड़ी तेज़ी से कुछ बड़े-बड़े हाथों में केन्द्रित होते जा रहे हैं और पत्रकार उनके हाथ की कठपुतली बनने को मजबूर किए गए हैं। ऐसी अवस्था में हम पत्रकारों के सामने हिन्दी के महारथी पंडित महावीरप्रसाद द्विवेदी के वचन को कैसे रख सकते हैं : "सम्पादकीय लेखों और नोटों में सामयिक विषयों की जो चर्चा की जाए, उसमें असत्यता की तो बात ही नहीं अतिरंजना भी न होनी चाहिए।"

आज जो पत्रों पर करोड़पतियों का यह आधिपत्य स्थापित हो रहा है, वह पत्रकार की स्वतन्त्रता के लिए ही घातक नहीं है, बल्कि इसका परिणाम लोकतन्त्रता के लिए भी प्रतिकूल होगा। हम आज ही देख रहे हैं, कि इन बड़े-बड़े पत्रों ने किस तरह अपने समाचार पत्रों पर भीतरी सेन्सर बैठा रखा है, और कोई भी घटना या विचार जो पत्र-मालिकों के हित या विचार के विरुद्ध होता है, वह उनमें छपने नहीं पाता। इतना ही नहीं, बहुत से पत्र तो ऐसे व्यक्तियों का नाम भी छापने से परहेज़ करते हैं, जिन्हें वह अपने अनुकूल नहीं समझते। यह है हमारे यहाँ करोड़पतियों के पत्रों की पत्रकारी स्वतन्त्रता, जिसका ढोंग वह स्वयं बड़ी निर्लज्जतापूर्वक अकसर रचा करते हैं। यदि हमें अपनी नवजात लोकतन्त्रता की रक्षा करनी है, तो पत्रों पर से थैली का राज उठाना होगा, इस साँप के आघात से अपनी जनता को बचाना होगा।

प्रश्न होगा : फिर पत्र कैसे निकाले जाएँगे, आजकल तो लाख में भी दैनिक पत्र निकालना संभव नहीं ? अगर लोकतन्त्रता के विचारों को बेचकर ही हम दसलखिया पत्र निकाल सकते हों, तो उससे वंचित रहना ही बेहतर है। फिर भिन्न-भिन्न राजनीतिक दलों, सार्वजनिक संस्थाओं तथा स्वयं पत्रकारों की सहयोग-समितियाँ यह काम कर सकती हैं, यदि बीच के बड़े-बड़े ग्राह रास्ता छोड़ दें। इधर एक और प्रवृत्ति चल गई है अंग्रेज़ी पत्रों के साथ पुछल्ले की शकल में हिन्दी पत्र निकलने लगे हैं। कहीं-कहीं तो हिन्दी पत्र की ग्राहक संख्या और आमदनी अधिक है, तो भी हिन्दी पत्रकारों और अंग्रेज़ी पत्रकारों के वेतन में भेद रखा जाता है। क्या यह हिन्दी का अपमान

नहीं है ? फिर बहुत से ऐसे पत्रों में दूसरे दिन बासी ख़बरें ही छपती हैं, इससे जो अंग्रेज़ी पढ़ सकनेवाले पाठक हैं, वह हिन्दी पत्र न लेने को बाध्य होते हैं और एक दिन का बासी समाचार केवल हिन्दी जाननेवाले पाठकों के मत्थे मढ़ा जाता है।

साप्ताहिक पत्रों का ही अभी गाँवों में महत्त्व है। इसलिए भी कि गाँव के लोगों की आमदनी इतनी नहीं, कि वे एक आना-डेढ़ आना रोज़ दैनिक पत्र के लिए ख़र्च कर सकें। दूसरे यह भी कि डाक से गाँव में पहुँचने पर दैनिक और साप्ताहिक एक ही हो जाते हैं। प्रथम विश्वयुद्ध से पहले और पीछे बहुत वर्षों तक साप्ताहिक पत्रों का क्षेत्र बहुत विस्तृत होता था। 'प्रताप' (साप्ताहिक) बिहार, युक्तप्रान्त (उत्तर प्रदेश) और मध्य प्रान्त तक पहुँचता था। उस वक़्त साप्ताहिक पत्रों की कमी भी थी, और उनमें राष्ट्रीय विचारवाले साप्ताहिक तो और भी कम थे। आज अवस्था बदल गई है। साप्ताहिक पत्र बहुत निकल रहे हैं और उनके प्रचार क्षेत्र भी सीमित हो गए हैं। कितने ही साप्ताहिक पत्रों का अधिकांश प्रचार अपने ज़िले तक सीमित है, लेकिन उनमें से बहुत कम इस बात की कोशिश करते हैं, कि उनका पत्र ज़िले का मुखपत्र बने। अखिल-भारतीयता का रोग हटाकर उनमें अधिक स्थानीयता लाने की आवश्यकता है। कुछ को तो बल्कि स्थानीय भाषा में निकलना चाहिए। आज हमारी जनता को बहुत सचेतन और सजग बनाने की आवश्यकता है। उसे बहकाने और उत्तेजित करनेवाले बहुत हैं। इसलिए जनता को देश के भीतर और सीमा पर क्या हो रहा है, यह जानने की पूरी सुविधा होनी चाहिए। यदि हमारे ये पत्र मातृभाषाओं में निकलें तो अनपढ़ ग्रामीण भाई उन्हें दूसरे से पढ़वाकर भी समझ सकते हैं।

भाषा के सम्बन्ध में

व्याकरण और उच्चारण : हिन्दी के शब्दों के उच्चारण उनके चुनाव और व्याकरण के बारे में बहुत-सी बातें पहले से ही लिखी जाती रहीं और आज भी वह क्रम जारी है। इन सारी प्रवृत्तियों में दो बातें देखी जाती हैं। एक तो व्याकरण के नियमों को अधिक ज़ोर से पालन कराना, और दूसरे संस्कृत व्याकरण को हिन्दी व्याकरण पर लादना।

हरेक भाषा का व्याकरण अवश्य होता है, यानी उसके बोलने में शुद्ध-अशुद्ध का विचार करना पड़ता है। 'म्लेच्छ न हो जाएँ इसलिए व्याकरण पढ़ना चाहिए' यह 2100 वर्ष पहले का नियम का नारा आज भी बुलन्द किया जाता है। हम यह नहीं कहते, कि भाषा में कोई नियम नहीं होता, या उस पर व्याकरण के नियमों को नहीं लागू किया जाए; किन्तु हमें यह अच्छी तरह समझ लेना चाहिए कि देश-काल-भेद से इन नियमों में भी विभिन्नता और विकल्प होते हैं। पाणिनी (ईसापूर्व चौथी शती) के समय संस्कृत जनता की मातृ-भाषा नहीं थी, हो सकता है, कुछ ब्राह्मण-परिवार संस्कृत बोलते हों। पाणिनि ने संस्कृत के व्याकरण के नियमों को अधिक दृढ़ करना चाहा, किन्तु उनका आग्रह उतनी दूर तक नहीं जाता था, जितना कि पीछे के लोगों में देखा जाता है। पीछे के वैयाकरण साध्य मानकर ज़बर्दस्ती बहुत से शब्दों को सिद्ध करना चाहते हैं, किन्तु पाणिनि ने शब्द-समाम्नाय को "सिद्ध" ही माना, और भाषा का जैसा प्रयोग उन्होंने होते देखा, उसी के भीतर से नियमों को निकालने का प्रयत्न किया। उन्हें उत्तरी भारत के प्राची (शरावती या घग्घर के पूर्व का प्रदेश, अर्थात् अंबाला से पूर्व बिहार तक का भूभाग) और उदीची (शरावती से पश्चिम यानी पंजाब) के शब्द-प्रयोगों में बहुत से अन्तर दीखे और उन्होंने एक को ग्राह्य और दूसरे को त्याज्य नहीं बताया, बल्कि दोनों को विकल्परूपेण स्वीकार किया। इस तरह का आज भी भेद हमें हिन्दी के पूर्वी और पश्चिमी क्षेत्रों में दिखाई पड़ता है। यदि कोई कहे कि 'दही' को स्त्रीलिंग बोलना अशुद्ध है और पुलिंग ही शुद्ध है, तो मेरी समझ में यह ख़ामख़ाह की ज़बर्दस्ती है। ऐसे कितने ही प्रयोगों को हमें विकल्प रूप में मानना ही पड़ेगा। शायद पाणिनि अपने समय में अधिक क्षमताशाली थे, लेकिन उन्होंने विकल्पों को मानने में ही कल्याण समझा। कहा जा सकता है कि इतने विकल्पों को स्वीकार करने में व्याकरण बहुत बढ़ जाएगा, किन्तु यह दोष पाणिनि पर भी आता था। विकल्प नियमों को बढ़ाते नहीं, बल्कि नियमों की संख्या को कम करते हैं। उनसे प्रयोक्ता को अधिक स्वतन्त्रता मिलती है। और फिर जीवित भाषा में तो उनसे और आसानी हो जाती है। इसका यही न परिणाम होगा कि पूर्वी हिन्दी क्षेत्र का पाठक पुलिंग "दही" को भी अशिष्ट न समझे। दूसरे एक

और बात है, जिसे हमारे आज के कितने ही व्याकरण-समालोचक या व्याकरण-विधाता भूल जाते हैं। वह समझते हैं, कि हिन्दी एकदम संस्कृत से छलाँग मारकर अपनी जगह आ मौजूद हुई है। यह धारणा बिलकुल निराधार है। हिन्दी संस्कृत से पाँचवीं पीढ़ी की भाषा है। पाली या प्राचीनतम प्राकृत का जो रूप उपलब्ध है, वह संस्कृत के बाद आती है। फिर प्रसिद्ध प्राकृत लोकभाषा बनती है। यहाँ तक भाषा सहकारी क्रियाओं से मुक्त, उच्चारण और व्याकरण के नियमों में कुछ अधिक सरलीकरण के साथ संस्कृत के ही सुप्-तिङ् को स्वीकार किए रहती है। यह भाषा, जिसे पश्चिमी परिभाषा में 'सिनथेटिक' भाषा कहते हैं, ईसा की छठी, सातवीं शती की सन्धि में किसी समय समाप्त होती है। उसके बाद अपभ्रंश भाषा शुरू होती है। वैसे अपभ्रंश शब्द का प्रयोग ईसा पूर्व दूसरी शती में पतंजलि ने भी किया है, किन्तु वहाँ उसका प्रयोग यौगिक अर्थ में है। रूढ़ अपभ्रंश भाषा सातवीं शती के आसपास ही प्रारम्भ होती है। उसके उदाहरण हमें आठवीं शती से सरह और स्वयम्भू की कविताओं में मिलते हैं। अब भाषा की प्रवृत्ति बिलकुल दूसरी हो जाती है। इसी का प्रवाह आज हमारी भाषा—साहित्यिक और मातृ-भाषा दोनों—अन्तिम रूप है। अब मुख्य क्रिया-सूचक धातुओं को विशेषण के रूप में रखकर 'है,' 'था', 'गा' जैसी सहायक क्रियाओं का प्रयोग आम हो जाता है, यानी भाषा 'एनेलेटिक' (विश्लेषणात्मक) हो जाती है। इसीलिए हमें सीधे संस्कृत व्याकरण को हिन्दी पर लादने की कोशिश नहीं करनी चाहिए और अपनी नीम-हकीमी का परिचय देते मनबोध को मनोबोध, मनमोहन को मनोमोहन, यशपाल को यशःपाल, उपरोक्त को उपर्युक्त बनाने का प्रयत्न नहीं करना चाहिए। जो शब्द-प्रयोग संस्कृत व्याकरण से अशुद्ध प्रतीत होते हैं, वह अपभ्रंश, प्राकृत या पाली के व्याकरण से शुद्ध देखे जाते हैं, और इसी का प्रभाव हमारे हिन्दी के शब्द-प्रयोगों में देखा जाता है। इसलिए हिन्दी-वैयाकरणों को हमारी सारी परम्परा का ध्यान रखते हुए नियम निकालने की कोशिश करनी चाहिए।

इस तरह की ग़लती अपने साहित्य-क्षेत्र में उर्दूवालों ने भी की। आरम्भिक दखिनी कविताओं में बहुत से हिन्दी शब्द अपने अपभ्रंश रूप में आते थे, लेकिन जैसे-जैसे परम्परा से अनभिज्ञता बढ़ती गई,

वैसे-वैसे यह प्रयोग जी के जंजाल मालूम होने लगे और दखिनी साहित्यकारों ने उन्हें 'मतरूक' (परित्यक्त) घोषित कर दिया, यह घोषणा या 'कुफ्र का फ़तवा' आगे इतना बढ़ा कि जो भी छटी मूँछ और बड़ी दाढ़ी से विहीन शब्द उर्दू कविता या साहित्य में दिखलाई पड़ा, उसे चुन-चुनकर, रेल के डब्बों से बाहर गिराया गया।

हिन्दी भाषा के भावी कुछ रूप : चौदहवीं सदी ईस्वी के आसपास हमारी भाषा में एक नई शैली का आरम्भ होता है, जब कि तद्भव की जगह तत्सम शब्दों का प्रयोग बढ़ने लगता है। यह विशेषता सिर्फ़ हिन्दी में ही नहीं है, कुछ आगे या पीछे भारत की सभी आर्य-भाषाओं और कितनी ही द्रविड़-भाषाओं में भी देखी जाती है। हम यहाँ इसके कारण, या औचित्य-अनौचित्य पर विचार करने नहीं जा रहे हैं, केवल इतना ही कहना चाहते हैं, कि चौदहवीं सदी से भाषा में तद्भव और तत्सम दो शैलियों का आरम्भ होता है। कविता में इसका और स्पष्ट प्रभाव दिखाई देता है। तुलसी ने तद्भव या अपभ्रंश रूप का पूरा बहिष्कार नहीं किया है, किन्तु उन्होंने धड़ल्ले के साथ तत्सम या शुद्ध संस्कृत शब्दों का प्रयोग किया है। दूसरी तरफ़ हम ब्रजभाषा की कविता को देखते हैं, वहाँ तदभूव की शैली को अपनाया गया है। इसका यह अर्थ नहीं, कि ब्रजभाषा के कवियों ने किसी तत्सम शब्द का प्रयोग ही नहीं किया। ठीक इसी तरह की बात हम आज की अपनी साहित्यिक हिन्दी और भिन्न-भिन्न मातृ-भाषाओं (बोलियों) में पाते हैं। मातृ-भाषाएँ तद्भव-प्रणाली का अनुसरण अधिक करती हैं, इसीलिए संस्कृत शब्द ग्रामीण जनता के पास जाकर 'असंस्कृत' बन जाता है। वस्तुतः वह असंस्कृत नहीं बनता, बल्कि जनता-प्रवाह में पड़े यह अनगढ़ रोड़े इधर-उधर टकराकर गोल-मोल और चिकने बन जाते हैं। कोई विचार कर सकता है, कि यह जनता की प्रवृत्ति अशिक्षा के कारण है, शिक्षा के बाद इस तरह की बात नहीं होगी। जिसका अर्थ यह हुआ, कि जनता के प्रिय तद्भव शब्द लुप्त हो जाएँगे। हम 'माई', 'मैया' की जगह 'माताजी', 'भाई' या 'भैया' की जगह 'भ्राताजी' कहने लग जाएँगे। शायद ऐसे विचार रखनेवालों की यह भी धारणा हो, कि जहाँ शत-प्रतिशत जनता शिक्षित हुई नहीं, कि वहाँ अवधी-ब्रज, बुन्देलखंडी-मेवाड़ी, भोजपुरी-मैथिली का 'राम-राम सत्त' बोल जाएगा। मैं ऐसी धारणा

का शिकार नहीं हो सकता। मैं इन भाषाओं की जड़ों को और गहरी और दृढ़ देखता हूँ। लेकिन इसके दूसरे पहलू को भी देखना होगा। यदि मातृ-भाषाओं द्वारा सुरक्षित तद्भव-परम्परा उनके साथ लुप्त हो जाएगी, तो ब्रज-भाषा की मनोहर कविता का समझना भी हमारे लिए कठिन हो जाएगा। यदि आप विश्वास रखते हैं कि हमारी सन्तान सूर और बिहारी की कविताओं के रसास्वाद से वंचित नहीं होगी, तो मानना पड़ेगा कि तद्भव-परम्परा भी लुप्त नहीं होगी। हमने क्या देखा ? इस शताब्दि के आरम्भ में ब्रज-कविता की तद्भव परम्परा ने खड़ी हिन्दी की तत्सम परम्परा को काव्य-क्षेत्र में पदार्पण करते देख बहुत उपहास किया था और भविष्यवाणी कर दी थी, कि लहँगे का स्थान साड़ी नहीं ले सकेगी। लेकिन हमने अपनी आँखों के सामने हरिऔध-मैथिलीशरण की खड़ी कविता को आगे बढ़ते देखा और वह पन्त-प्रसाद-निराला के सृजन के रूप में वहाँ पहुँची, जहाँ उसने सारे हिन्दी जगत पर अपना एकछत्र राज्य क़ायम कर दिया। आज हमें एक दूसरी ग़लत धारणा हो गई है, कि अब तद्भव-परम्परा के लिए कोई स्थान नहीं है। इससे ब्रज-भाषा की कविता से वंचित होने का किसी को ख़याल नहीं आता। सभी की आँखों में आज की सफलता ने चकाचौंध पैदा कर दी है। उन्हें यह पता नहीं है, कि जन-कविता के रूप में अब भी तद्भव-परम्परा जीवित है और जन-कविता अलिखित होने से बहुत दिनों तक उपेक्षणीय नहीं रहेगी। आज़मगढ़ का अपढ़ कवि विश्राम चन्दसाल पहले तरुणाई में ही मर गया। किसी ने जीवित रहते उसकी सारी कविताओं को संग्रह करने का प्रयत्न नहीं किया। मेरे मित्र परमेश्वरीलाल गुप्त उसके सिर्फ़ 22 बिरहे जमा कर पाए हैं। वह बिरहे अपनी तीव्र वेदना से हज़ारों वर्षों तक पाठकों को रुलाते रहेंगे। ऐसे जनकवि और भी कितनी जगह छिपे पड़े हैं और पैदा होते रहेंगे, और उनके साथ तद्भव-परम्परा भी जीवित रहेगी।

प्रथम विश्व-युद्ध के बाद से हिन्दी गद्य और पद्य की भाषा में बराबर परिवर्तन हो रहा है—भाषा ह्रास की ओर नहीं बल्कि उन्नति की ओर जा रही है। उसके देखने से भाषा की भविष्य-प्रवृत्तियों का कुछ आभास मिलता है। पहले 'है' 'थी' जैसी सहायक क्रियाओं का प्रयोग अनिवार्यरूपेण होता था। (1) अब देखते हैं उसका प्रयोग

बिरल होता जा रहा है। क्या हिन्दी में भी इनके भाग्य में वही बदा है, जो कि संस्कृत में 'अस्ति' और रूसी में 'येस्त' का हुआ है।

(2) समास में पहले इसका बहुत आग्रह था, कि संस्कृत शब्दों के बीच ही में उसे लाया जाए, संस्कृत और अपभ्रंश शब्दों में भी इसे उचित नहीं समझा जाता था; लेकिन अब तो संस्कृत-अपभ्रंश क्या अपभ्रंश-अपभ्रंश तथा संस्कृत-विदेशी शब्दों में भी समास का प्रयोग बढ़ता जा रहा है। अब भी हमारे कितने ही दादा लोग इसके लिए हाय-तोबा मचा रहे हैं, लेकिन हाथी अपने रास्ते पर सीधे चला जा रहा है।

(3) क्रिया के सूक्ष्म-भेदों के लिए पृथक्-पृथक् धातुओं का उपयोग पहले उतना नहीं किया जाता था, लेकिन हमारे कवि और कहानीकार जितना ही जीवन के अधिक विस्तार और गहराई में प्रवेश कर रहे हैं, उतना ही ऐसे सूक्ष्म भेदों को ला रहे हैं।

(4) लिंगों और उच्चारण के सम्बन्ध में कितने ही अन्तर पड़ेंगे, जिसका कारण स्थानीय भाषाओं की प्रवृत्ति होगी।

(5) लिखने की भाषा बोलने की भाषा के नज़दीक आएगी और वाक्य विन्यास में यान्त्रिकता को हटाकर अधिक लचक पैदा होगी।

(6) साहित्य की भाषा में तद्भव या स्थानीय भाषाओं के शब्दों को पर्याप्त स्थान मिलेगा।

(7) लोकोक्तियाँ और मुहावरे अधिक उपयोग में लाए जाएँगे।

(8) स्थानीय भाषाओं से बहुत से शब्द साहित्यिक हिन्दी में आएँगे।

(9) हिन्दी जिनकी अपनी भाषा नहीं है, उनके लिए एक व्यवहारोपयोगी हिन्दी भाषा तैयार करनी होगी। इसमें प्रथम-मध्यम-उत्तम पुरुष का क्रिया-भेद नहीं रहे और वचन में सिर्फ़ बहुवचन क्रिया का प्रयोग होना चाहिए। स्पष्ट बहुवचन दिखाने के लिए शब्द के साथ 'लोग' का प्रयोग किया जाए। विभक्ति के चिह्नों में भी सरलता और उनके कितने ही भेदों को छोड़ दिया जाए। व्यवहारोपयोगी भाषा के लिए सारे भारत की भाषाओं से डेढ़-दो हज़ार अत्यावश्यक शब्दों का एक शब्दकोष संगृहीत किया जाए—अर्थात् ऐसे शब्दों को चुना जाए, जो मराठी, गुजराती, पंजाबी, हिन्दी, असमिया, बँगला, उड़िया, तथा

तेलुगु, कर्णाटक, मलयालम आदि में भी समानरूपेण प्रयुक्त होते हैं।

(10) यह कह ही चुका हूँ कि 'है' 'था' जैसी सहायक क्रियाओं का बहुत कम प्रयोग होने लगेगा।

मातृभाषाएँ

मातृभाषाओं का प्रश्न अधिकतर हिन्दी-क्षेत्र का प्रश्न है। आज इस पर बहुत विवाद है। कितने ही हिन्दी के प्रेमी समझते हैं, कि राजस्थानी, मेवाड़ी, मालवी, बुन्देलखंडी, ब्रज, अवधी, भोजपुरी, मगही, मैथिली, पहाड़ी आदि भाषाओं को साहित्यिक रूप देने या शिक्षा का माध्यम बनाने से हिन्दी के लिए बहुत भय उपस्थित हो जाएगा। उनकी यह शंका सत्य हो सकती है, यदि हिन्दी भाषा उतनी दूर की होती और हिन्दी प्रान्तों की जनता उससे बहुत अलग-थलग होती। हम देखते हैं कि हिन्दी-भाषी प्रान्तों में उज्जैन या दरभंगा, अम्बाला या रायपुर (छत्तीसगढ़) के गाँवों में भी यदि हम हिन्दी बोलते हैं तो हमारी बात समझी जाती है, और लोग भी अपने भावों को किसी तरह समझा देते हैं। यह सिद्ध करता है, कि हिन्दी सबके लिए आसान है। इस पर प्रश्न हो सकता है तब स्थानीय भाषाओं के लिए इतना ज़ोर देने की आवश्यकता क्या है ? आवश्यकता है। यदि हम अपनी तरुण और वयस्क जनता को दस-पन्द्रह साल के भीतर शत-प्रतिशत साक्षर और शिक्षित बनाना चाहते हैं, तो मातृभाषाओं के बिना यह काम नहीं हो सकता। प्रारम्भिक शिक्षा को यदि मातृभाषाओं के माध्यम द्वारा कर दें, तो हम उससे कहीं अधिक ज्ञान बच्चों को उतने ही समय में दे सकते हैं, जितना कि उन्हें हिन्दी माध्यम द्वारा मिलता है। प्राइमरी से आगे की पढ़ाई हिन्दी में हो, जिसका द्वितीय भाषा के तौर पर आरम्भ बल्कि तीसरी कक्षा से कर देना चाहिए। इस तरह हिन्दी को कोई क्षति न होगी और साक्षरता-प्रसार का काम भी सफलतापूर्वक हो सकेगा। दूसरी बात ध्यान देने की यह है, कि इन भाषाओं के साथ भाषा-क्षेत्रों की संस्कृति का भी घनिष्ठ सम्बन्ध है। वैसे सारे भारतवर्ष की एक संस्कृति है, लेकिन प्रान्तों के अनुसार उसमें अवांतर भेद भी हैं। वैसे ही हमारे हिन्दी के मातृभाषा क्षेत्र में भी संस्कृतियों के कुछ अवांतर भेद हैं। जन-कविता, कथा, लोकोक्ति आदि के रूप

में बहुत भारी निधि इन मातृभाषाओं के भीतर सुरक्षित है, जिसकी भी रक्षा हमें करनी है और इसलिए हमें उन्हें उनका स्थान प्रदान करना चाहिए।

हिन्दी-संघ के अधिकारियों में हिन्दी

अंग्रेज़ी राज्य ने सारे भारत के लिए आई.सी.एस. जैसी केन्द्रीय नौकरियों की स्थापना की थी, स्वतन्त्र भारत के लिए ऐसे अधिकारियों की आवश्यकता है, इसमें किसी को आपत्ति नहीं हो सकती। यों हमारी सरकार ने दिल्ली में ऐसा शिक्षणालय खोला है, जिसमें केन्द्रीय अधिकारियों की शिक्षा होती है; लेकिन अभी वहाँ शिक्षा का माध्यम अंग्रेज़ी है। आरम्भिक अवस्था में यही व्यवहार्य था, लेकिन प्रश्न है—क्या आगे भी हम वहाँ अंग्रेज़ी को ही शिक्षा का माध्यम रखना चाहेंगे ? मैं नहीं समझता, गुलामी की इस आख़िरी कड़ी को हमारा देश बर्दाश्त करेगा। केन्द्रीय सेवा में आनेवाले उम्मीदवारों के लिए हिन्दी का ज्ञान आवश्यक होना चाहिए, क्योंकि अब उन्हें शासन का कारबार अंग्रेज़ी में नहीं करना है। हो सकता है, अहिन्दी-भाषा-भाषी प्रान्तों में जानेवाले अधिकारियों को उस प्रान्त की भाषा की योग्यता अधिक होनी चाहिए और उनके लिए हिन्दी की योग्यता कम होने से भी काम चल सकता है। लेकिन यह संक्रान्ति-काल में ही, आगे चलकर तो केन्द्रीय अधिकारियों और शिक्षार्थियों के लिए हिन्दी की योग्यता की वही कसौटी होनी चाहिए जो कि अब तक अंग्रेज़ी के लिए मानी जाती रही।

मेरा अभिप्राय यह नहीं है, कि हमें विदेशी भाषाओं का बहिष्कार करना चाहिए। ऐसी कूप-मंडूकता नहीं चल सकती। अब हमारा स्वतन्त्र देश विश्व का एक अंग है। दूसरे स्वतन्त्र राष्ट्रों से हमारा राजनीतिक सम्बन्ध स्थापित होता जा रहा है। यह सम्बन्ध बहुत महत्त्वपूर्ण है, और इसमें अपने प्रथम श्रेणी के मस्तिष्कों को हमें लगाना है। हम अपने राजदूतों और कौन्सलों के लिए तत्काल कोई भी कामचलाऊ प्रबन्ध कर सकते हैं, लेकिन इसके लिए हमें स्थायी कर्मियों को तैयार करना पड़ेगा। अभी तो आरम्भ ही हुआ है, इसलिए इस सम्बन्ध में जो हो रहा है, उसे दोष देने की आवश्यकता नहीं।

लेकिन योग्य कर्मियों को तैयार करने के लिए उनकी सुव्यवस्थित शिक्षा का प्रबन्ध करना होगा। अंग्रेज़ी ज्ञान के भरोसे हमारे राज-प्रतिनिधि अंग्रेज़ी-भिन्न-भाषा-भाषी देशों में अपने कर्तव्य को ठीक तरह से पालन नहीं कर सकेंगे। अभी हमारे राजनीतिक कर्णधारों में अंग्रेज़ी का ही बोलबाला है और दुनिया की हरेक चीज़ को वह अंग्रेज़ी के चश्मे से देखते हैं। यह मनोभाव हमारे काम में हानिकारक होगा। कुछ विश्वविद्यालयों में दो-चार भाषाओं के पढ़ाने का प्रबन्ध हुआ है, कुछ निराकार विश्व-राजनीति का पाठ भी पढ़ा दिया जाएगा; लेकिन इतना पर्याप्त नहीं है। राज-प्रतिनिधियों की शिक्षा के लिए कोई चार-पाँच साल चाहिए। आपको जानना होगा, कि जिस देश के लिए उसे आप तैयार कर रहे हैं; एक-दो यूरोपीय भाषाओं के साथ उसे उस देश की भाषा अच्छी तरह पढ़नी चाहिए। भाषा पढ़ लेना ही पर्याप्त नहीं है, उसे उस देश की संस्कृति का अच्छा ज्ञान होना चाहिए। देश के इतिहास और राजनीति का पूरा ज्ञान होना चाहिए। वहाँ की कला, साहित्य का परिचय होना चाहिए। मानवतत्त्व, नृवंश आदि के सम्बन्ध में भी उसे पर्याप्त ज्ञान होना चाहिए। हमें चालीस से ऊपर भाषाओंवाले भिन्न-भिन्न देशों में अपने राज-प्रतिनिधि भेजने हैं। शायद कोई कहे कि इन चालीस भाषाओं तथा तत्सम्बन्धी ज्ञान को दस-बारह विश्वविद्यालयों में तीन-चार करके बाँट देना चाहिए। हमारे कितने ही युनिवर्सिटी वाले इससे प्रसन्न होंगे। लेकिन यह बात ठीक नहीं होगी। यह काम सिर्फ़ एक जगह और एक केन्द्रीय संस्था के अधीन होना चाहिए। इसके लिए सबसे उपयुक्त स्थान है दिल्ली। दिल्ली विश्वविद्यालय में विदेशी भाषा और संस्कृति की एक पृथक फैकल्टी बनानी चाहिए।

अलग-अलग युनिवर्सिटियों में बाँटने से क्या क्षति होगी, इसके लिए यहाँ एक-दो उदाहरण देना चाहता हूँ। मान लीजिए फैकल्टी के चीनी-विभाग में कोई विद्यार्थी शामिल हुआ है। उसे चीनी भाषा और अक्षर पढ़ने होंगे। चीनी संस्कृति, साहित्य, कला का पर्याप्त ज्ञान प्राप्त करना होगा। चीनी इतिहास पढ़ना होगा। लेकिन चीनी इतिहास कभी मंचूरिया से टकराता है और कभी मंगोलिया से। इसलिए इतिहास के उस भाग के अध्ययन में मंगोलिया और मंचूरिया के इतिहास-शरीर के भीतर से मंगोल जाति का ज्ञान प्राप्त करना

होगा। इसी तरह यदि आप तुर्की के लिए अपने किसी तरुण को तैयार करते हैं, तो केवल तुर्की के इतिहास और संस्कृति के अध्ययन से काम नहीं चलेगा, क्योंकि तुर्क-जाति का सम्बन्ध किसी समय ईरान से रहा, और किसी वक़्त मध्य एशिया से; और उसके उद्गम को ढूँढ़ते आपको ई.पू. दूसरी शताब्दी में उनके पूर्वज हूणों के पास मंगोलिया में जाना होगा। इसी तरह से हर देश के इतिहास और संस्कृति का जाल आप काल और देश में दूर-दूर तक फैला पाएँगे। यदि यह सारे विभाग दिल्ली युनिवर्सिटी की एक फैकल्टी में रहेंगे, तो विद्यार्थी उस-उस विषय के विशेषज्ञ के उपयोगी और अपने विषय से सम्बद्ध प्रवचनों को जाकर सुन सकेंगे। कलकत्ता, बम्बई, इलाहाबाद, मद्रास में प्रसाद बाँट देने पर यह संभव नहीं होगा।

यहाँ हमें यह भी स्मरण रखना चाहिए कि हमारे देश का प्रतिनिधि यदि केवल राजनीतिक प्रतिनिधि बनकर जाए तो वह सफल नहीं हो सकता। उसे सांस्कृतिक प्रतिनिधि भी बनना होगा। बल्कि सांस्कृतिक प्रतिनिधि ही अधिक सफल राजप्रतिनिधि हो सकता है। इसके कितने ही उदाहरण हमें अंग्रेज़ी, फ्रेंच और जर्मन दूतों में मिलते हैं। इस फैकल्टी में जिन्होंने शिक्षा समाप्त की है, उनमें से जहाँ हमें योग्य राजदूत और कौंसल मिलेंगे, वहाँ उन्हीं में से भावी विश्व-विश्रुत विद्वान भी प्राप्त होंगे—कोई चीन-तत्त्व-निष्णात होगा, वहाँ के इतिहास, साहित्य और कला के सम्बन्ध में महत्त्वपूर्ण नई खोजें करेगा, जो भारत के साथ और भी घनिष्ठ सम्बन्ध स्थापित करने में सहायक होंगी, कोई तिब्बत और मंगोलिया के इतिहास, भाषातत्त्व, धर्म और संस्कृति के दूसरे अंगों में अपनी प्रतिभा और खोज से भारत का नाम उज्जवल करेगा। इसी तरह अफ़गानिस्तान, ईरान आदि दूसरे देशों के बारे में भी समझना चाहिए। संक्षेप में यह कि इस तरह की एक केन्द्रीय शिक्षा-व्यवस्था अन्तर्राष्ट्रीय राजनीति के विशिष्ट विद्वान तथा गम्भीर वैज्ञानिक अनुसंधानकर्ता दोनों के पैदा करने के लिए आवश्यक है। इस शिक्षा का भी माध्यम हमारी हिन्दी होनी चाहिए। विदेशों में हम हर जगह अंग्रेज़ी में बोल-बोलकर इसी बात का परिचय देंगे कि अब भी अंग्रेज़ों की ग़ुलामी हमसे दूर नहीं हुई।

बहनो और भाइयो !

हमारे स्वतन्त्र देश के सामने बहुत और भारी-भारी काम हैं।

हमारी चिर दासता ने हमें दुनिया के और देशों से बहुत पीछे रखा। विदेशी शासक इसी में अपना हित समझते थे। अब सदियों की पिछड़ी यात्रा को हमें वर्षों में पूरा करना है। इसमें साहित्य की सहायता सबसे अधिक आवश्यक है। हमें ऐसा साहित्य तैयार करना है, जो दुनिया की दौड़ में आगे बढ़ने में सहायक हो, न कि हमें पीछे खींचे। निराशावाद के लिए मैं कहीं भी गुंजाइश नहीं देखता। हमारे पास बुद्धिबल है। हमारी भारतमही सचमुच वसुंधरा है। हमारे बहत्तर करोड़ हाथ हैं।[1] हमें विश्व की सबसे बड़ी तीन शक्तियों में अपना स्थान लेना है। इसके लिए भारत के हरेक पुत्र और पुत्री को विश्राम लेने का मौक़ा नहीं है। सबको एक साथ लेकर आगे क़दम बढ़ाना है। देश के उद्योगीकरण और कृषि को विज्ञान-सम्मत बनाने में हमारे साहित्य को बहुत बड़ा भाग लेना है। अगले पच्चीस साल देश का सबसे अधिक कर्मठ जीवन होना चाहिए। आइए, भारत-माता के प्रति हम अपने कर्तव्य का पालन करें।

जय हिन्द !

---

1. अब दो सौ करोड़ हाथ हैं।

हमारी भाषा

अंग्रेज़ हमारी उग्र राष्ट्रीयता का प्रतीक समझ उसे (हिन्दी को) फूटी आँखों देखना नहीं चाहते थे। पर, क्या उससे हिन्दी की प्रगति रुकी। "जाको राखे साइयाँ मारि न सकि है कोय" और यहाँ हिन्दी के साइयाँ 15 करोड़ लोग हैं, जो उसे "हमारी भाषा" कहते हैं। उन्हीं का ख़याल करके बड़े-से-बड़े लोगों का विरोध होने पर भी अंग्रेज़ों के निकलने पर हिन्दी हमारे प्रदेश की राज्यभाषा घोषित हुई। किसी देव या महादेव की कृपा से यह पद नहीं मिला, जो उनके रुष्ट हो जाने पर वह छिन जाएगा।

हमारी वर्तमान पीढ़ी से दो-ही-तीन पीढ़ी पहिले के कुछ दादा-परदादा हिन्दी के नाम से नाक भौं सिकोड़ते थे। और मालूम होता था कि कम-से-कम उनके ख़ानदान में तो

(उत्तर प्रदेश हिन्दी साहित्य सम्मेलन, देहरादून अधिवेशन 1954 (सम्वत् 2011) के उद्घाटन भाषण से...)

हिन्दी का प्रवेश कभी नहीं हो सकेगा। लेकिन हम अब अपनी आँखों के सामने ऐसे कितने ही घरों को देखते हैं, जिनमें उर्दू की चिट्ठी आने पर दूसरे से पढ़ाना पड़ता है। हिन्दी के अपनानेवाले 15 करोड़ भारतीय ही उसके समर्थक नहीं हैं, बल्कि 13 करोड़ वह भारतीय भी उसके साथ अटूट सम्बन्ध रखते हैं; जिनकी भाषाएँ हिन्दी की सहोदरा हैं अर्थात्-असमिया, बँगला, ओड़िया, मराठी, गुजराती, पंजाबी आदि। "पुरफ़रेब तख़ैयुल" (दग़ाबाज़ विचारोंवाले) बराबर यही कोशिश करते जा रहे हैं, कि हिन्दी का उसकी भगिनी भाषाओं से विरोध हो जाए। कभी-कभी उन्हें इसमें सफलता-सी भी होती दीखती है, जिसमें हमारी असावधानी सहायक बन जाती है। हिन्दी अपनी भगिनी भाषाओं को हटाकर उनका स्थान कभी नहीं लेना चाहती; इसे साहित्य महारथियों ने अनेक बार घोषित कर दिया है।

मौलाना आज़ाद हिन्दी के कितने हिमायती हैं, इसे कहने की आवश्यकता नहीं। हिन्दी के भानुमती के कुनबे में यह मौलाना देश के दुर्भाग्य से ढेरी के साँप बनके बैठ गए। जिस समय संविधान सभा ने हिन्दी को राष्ट्रभाषा स्वीकृत किया, उस समय वह मर्माहत होकर बोल उठे थे—"मैंने कांग्रेस असेम्बली पार्टी से कहा था, कि राष्ट्रभाषा की लिपि देवनागरी हो, किन्तु सरकारी सूचना के लिए उर्दू लिपि का भी प्रयोग होना चाहिए, यह मध्य का रास्ता था, और मैंने समझा था कि इसे सब स्वीकार करेंगे, लेकिन मैं अपने भावों को छिपाना नहीं चाहता। मुझे यह देखकर बहुत निराशा हुई कि पार्टी ने उसे स्वीकार नहीं किया। अगर सदस्यों के बीसवीं सदी के मस्तिष्क इस तरह के हैं, तो स्वभावतः यह प्रश्न उठता है कि हम कहाँ जा रहे हैं ?... सरकारी सूचनाओं के प्रकाशन के लिए भी उर्दू लिपि को न मानते हुए हिन्दी के पक्ष में कांग्रेस असेम्बली पार्टी ने जो निश्चय किया और उसका जो धक्का मेरे हृदय पर लगा उसे मैं सहन नहीं कर सकता।" उस समय न सहन कर सकनेवाले मौलाना आज सहिष्णु हो गए हैं और इस धोखे में पड़ने के लिए हममें से कोई तैयार नहीं होगा। पहिले मौलाना बाहर से ज़ोर लगा रहे थे। अब शिक्षा मन्त्रालय के हाथ में रहने से वह भीतर से छुरी भोंकने की पूरी कोशिश कर रहे हैं। अभी संसद में श्रद्धेय टंडन जी और सेठ गोविन्ददास जी ने उनकी करतूतों का जब भंडाफोड़ किया, तो मौलाना बहुत तिलमिलाए।

दूसरा कोई मन्त्री होता, तो उसे सिंहासनच्युत होने से कोई रोक नहीं सकता था। किन्तु मथुरा नहीं, दिल्ली तीन लोक से न्यारी है और शिक्षा-विभाग के लिए सबसे अयोग्य व्यक्ति अब भी उस गद्दी को सँभाले हुए है। मौलाना, जान पड़ता है कुछ जादू-मन्तर भी जानते हैं। पिछले पाँच वर्षों में जबसे हिन्दी राष्ट्र-भाषा घोषित की गई, तब से उसके बारे में उन्होंने जो कुछ किया, वह शून्य है, तो भी आप फ़र्माते हैं–"अंग्रेज़ी का स्थान हिन्दी द्वारा लिए जाने के लिए जो 15 बरस की अवधि निश्चित की गई है, उसके ग्यारहवें वर्ष में केन्द्रीय सरकार का काम अंग्रेज़ी और हिन्दी दोनों में होने लगेगा। यह पाँच बरस तक होता रहेगा जिनमें कि प्रशासन के काम के लिए हिन्दी पूरी तौर से ढाली जा सके...हमारा फ़र्ज़ है कि हम ऐसा क़दम उठाएँ, जिसमें 15 बरस की अवधि के बाद केन्द्रीय सरकार ऐसी स्थिति में हो जाए कि वह अपने प्रशासन के कामों में अंग्रेज़ी की जगह देवनागरी अक्षरों में हिन्दी के प्रयोग के आरम्भ करने की स्थिति में आ जाए।"

पाँच साल में कुछ भी न करके 11वें साल अर्थात् 1961 ई. में मौलाना हिन्दी अंग्रेज़ी दोनों को राजकाज में लाने की भविष्यवाणी कर रहे हैं, और 15 बरस बाद 1966 में वह इतनी ही आशा रखते हैं, कि हिन्दी के प्रयोग के आरम्भ करने की स्थिति पैदा हो जाए। हिन्दी का पूरी तौर से व्यवहार तो शायद मौलाना 2000 ई. में भी संभव नहीं समझते। केन्द्रीय सरकार के व्यवहार के लिए बाज़ारू भाषा पर्याप्त नहीं हो सकती। उसके लिए पाँच लाख पारिभाषिक शब्दों की आवश्यकता होगी क्योंकि सरकार के जितने विभाग हैं, उनका सम्बन्ध सभी ज्ञान-विज्ञानों से है, उनके सम्बन्ध में जो विवरण लिखे जाते हैं, उनमें परिभाषाओं का प्रयोग अनिवार्य है। क्या मौलाना छू-मन्तर के ज़ोर से इन परिभाषाओं को बनवा लेंगे ? पर मौलाना को परिभाषाओं के बनाने की न फ़िकर है, और न उसके लिए वह कुछ करना चाहते हैं। उनका तो सीधा कहना है कि हम अन्तर्राष्ट्रीय परिभाषाएँ स्वीकृत करें। मौलाना और उनके जैसे ख़याल रखनेवालों के दिमाग़ में केवल अंग्रेज़ी ही अन्तर्राष्ट्रीय भाषा और उसकी परिभाषाएँ अन्तर्राष्ट्रीय हैं। वह इस पर आँख मूँद लेते हैं कि दुनिया की आबादी के प्रायः आधे लोग अंग्रेज़ी को नहीं, बल्कि रूसी को अन्तर्राष्ट्रीय भाषा मानते हैं। बाक़ी आधी दुनिया में अंग्रेज़ी का ही

एकछत्र राज नहीं है, बल्कि जर्मन, फ्रेंच भी अपने को किसी तरह पीछे नहीं समझती हैं। 'अन्तर्राष्ट्रीय' अंग्रेज़ी से काम नहीं चल रहा है, तभी तो हमारे दूतावासों में अपने नाम के साइनबोर्ड टाँगने में अब हिन्दी परिभाषाओं का प्रयोग किया जाने लगा और हिन्दी में हमारे दूत और दूताएँ अपना प्रमाणपत्र पेश करने के लिए मजबूर हो रहे हैं। मौलाना अन्तर्राष्ट्रीय परिभाषाओं को स्वीकृत करने के लिए अपने हाथ की कठपुतली केन्द्रीय शिक्षा सलाहकार बोर्ड और युनिवर्सिटी जाँच कमीशन की सम्मितियों की दुहाई दे रहे हैं।

परिभाषाएँ

मौलाना और उनके हिमायतियों को याद रखना चाहिए कि परिभाषाओं के सम्बन्ध में उनका यह रवैया केवल हिन्दी को ही अमान्य नहीं है, बल्कि भारत की सारी भाषाएँ—दक्षिणी भाषाएँ भी—संस्कृत परिभाषाओं को अपनी सम्मिलित निधि मानती हैं। और हमारी संस्कृति के आरम्भ से स्थापित परिपाटी के अनुसार संस्कृत शब्दों में अपनी परिभाषाओं को गढ़ती रही हैं। इसीलिए उन्होंने तो सारे भारत और लंका, बर्मा, थाईभूमि, कम्बोज तक आयुर्वेद, ज्योतिष, गणित, दर्शन, साहित्य आदि की हज़ारों एक ही संस्कृत परिभाषाएँ स्वीकृत की हैं। मौलाना और उनके साथी-समाजियों को यह भी विश्वास नहीं है, कि अंग्रेज़ी परिभाषाओं को हमारी भाषाएँ मान लेंगी, इसलिए उन्होंने अपने तर्कश से दूसरा हथियार भी निकाल रखा है और हमारे ग़रीब देश के कसाले की कमाई को बेदर्दी से बहाने में दक्ष भारत सरकार का शिक्षा-विभाग हज़ारों रुपए देकर हिन्दी के विरोध के लिए बहुत दिन से बदनाम एक संस्था द्वारा पार्लियामेंट के लिए 'खोली' और इसी तरह की दूसरी परिभाषाओं को गढ़वा रहा है।

यह आकस्मिक बात नहीं है, जो भारतीय भाषाओं में ही नहीं, बल्कि सिंहल और दूसरी भाषाओं में भी संस्कृत के तत्सम शब्दों को स्वीकार किया गया। तद्भव रूपों में एक स्थान से दूसरे स्थान, एक प्रदेश से दूसरे प्रदेश में बहुत भेद हो जाता था, जिससे समझने में दिक्कत होती थी, सबके समझने के सुभीते के लिए तत्सम शब्दों को स्वीकार करना पड़ा। बीघा कह कर हम क्षेत्रफल को ठीक से नहीं

बतला सकते, क्योंकि हमारे उत्तर प्रदेश में ही कहीं एकड़ में डेढ़ बीघा ही है, कहीं छः और कहीं पाँच, इसलिए एकड़ में कहने पर ही हम सबको एक-सा समझा सकते हैं। सर्वमान्यता और सबकी समझ की आसानी के लिए ही संस्कृत तत्सम शब्दों को लेना पड़ा।

पंडित जवारहलाल नेहरू का दिमाग़ और बातों में कितना साफ़ है, इसे आप ही लोग जानें। किन्तु भाषा के सम्बन्ध में तो यह बिलकुल परस्पर विरोधी धारणा रखते हैं। कभी-कभी वह ठीक वही बात कहते हैं, जिसे सभी हिन्दीवाले मानते हैं। उनका कहना 'भरत की सीमा के भीतर जो भी वैज्ञानिक या टेकनीक सम्बन्धी परिभाषाएँ स्वीकृत की जाएँ, वह जहाँ तक हो सके एक होनी चाहिए।' हममें से कौन है, जो इससे सहमत नहीं है। हम सभी चाहते हैं, कि हिन्दी, असमिया, बँगला, ओड़िया आदि सभी भारतीय भाषाओं की परिभाषाएँ एक हों, जैसा कि पुराने ज़माने से होता आया है। ईश्वर, पुरुष, प्रकृति, द्वय, गुण, सामान्य आदि जैसे हज़ारों शब्द सबमें एक हैं। इस हज़ारों वर्ष से स्थापित एकता को खोली-खोला पैदा करके तोड़ना वांछनीय नहीं है और न हज़ार-मौलाना मिलकर भी इसे कर सकते हैं। वही नेहरू जी जहाँ एक ओर परिभाषाओं के बारे में इतनी बुद्धिसम्मत बात कहते हैं, तो दूसरे समय कह उठते हैं "मुख्य उद्देश्य भाषा का विकास करना नहीं, बल्कि साइंस का विकास करना है, अगर सांइस को नुकसान होता है, तो उसके लिए इस्तेमाल की गई भाषा को भी घाटा उठाना पड़ेगा।" शायद नेहरू जी समझते हैं कि साइंस का विकास अंग्रेज़ी भाषा द्वारा ही हो सकता है, इसलिए भारतीय परिभाषाओं को बनाकर हमारी भाषाओं को विकसित करने की कोई आवश्यकता नहीं है।

आज़ाद की बात—यथासम्भव अन्तर्राष्ट्रीय वैज्ञानिक परिभाषाएँ हिन्दी में इस्तेमाल की जाएँगी—हमारे देश के लिए ब्रह्म वाक्य नहीं है। विदेशी परिभाषाओं के सर्वथा बायकाट के पक्ष में हमारा देश कभी नहीं रहा है, लेकिन वह तभी जब कि वैसा करना अनिवार्य हो। होरा (घंटा) और केन्द्र जैसे कितने ही शब्द संस्कृत में ग्रीक भाषा से लिए गए। आज भी रेडियो, रेल, कोट जैसे सैकड़ों शब्द हमने ले लिए हैं, और उन्हें हटाने का आग्रह करना हठधर्मी के सिवा कुछ नहीं। लेकिन पाँच लाख पारिभाषिक शब्दों में जैसे परिचित विदेशी शब्दों

की संख्या कुछ सौ से अधिक नहीं है। बाक़ी पारिभाषिक शब्दों को हमें सरल और सुपरिचित संस्कृत शब्दों से बनाना है, जैसे संसद, न्यायालय, उच्च-न्यायालय, सर्वोच्च-न्यायालय के रूप में हमने बनाया है। संस्कृत साहित्य में भी अप्रयुक्त तथा हमारी उच्च हिन्दी तथा दूसरी भाषाओं में अपरिचित शब्दों से परिभाषाओं का गढ़ना बिलकुल अनुचित है। हमारे एक विद्वान समझते हैं कि जब हमारे पास दो हज़ार धातु, 20-22 उपसर्ग और दो-ढाई सौ प्रत्यय हैं, तो उनके जोड़-घटाव से हम अरबों शब्द बना उन्हें किसी अर्थ के साथ चिपका, प्रभुजिन, सम्प्रभुजिन, विप्रभुजिन को गढ़कर अपनी परिभाषाओं का काम चला सकते हैं। परिभाषाओं के गढ़ने में इस तरह मनमानी हमारे भाषा-इतिहास में कभी नहीं बरती गई। हिन्दी क्षेत्र का कोई भी विश्वामित्र ऐसा नहीं है, जो ऐसा नया स्वर्ग गढ़कर त्रिशंकु पैदा करने से अपने को बाज रख सके। संविधान के अनुवाद के समय हमने देख लिया है कि हमारी सभी भाषाओं के अधिकारी विद्वान न प्रभुजिनवाद को स्वीकार कर सकते हैं न खोलीवाद को और न 'इन्टर्नेशनलवाद' को।

अंग्रेज़ी के हिमायती : अंग्रेज़ गए लेकिन वह अपने धर्मपुत्रों को देश में छोड़ गए हैं, जो इस बात को सहन नहीं कर सकते, कि अंग्रेज़ी अपने स्थान से जरा भी च्युत हो। और तो और जब मुन्शी जी को भी इसी मर्ज़ में मुब्तला देखा, तो हमें शंका होने लगी, कि कहीं कूएँ में ही तो भाँग नहीं पड़ गई, और यह भी मालूम होने लगा, कि अंग्रेज़ी पढ़े-लिखे भी कूपमंडूकता के शिकार होते हैं। मुन्शी साहब फ़रमाते हैं—"अंग्रेज़ी को जल्दी हटाने का काम ख़तरनाक है।" "अंग्रेज़ी एक समृद्ध, शक्तिशाली, शायद आज संसार में समृद्धतम और अत्यन्त शक्तिशाली भाषा है। हमें यह स्वीकार करने में आनाकानी नहीं करनी चाहिए कि यह अखिल भारतीय पांडित्य, क़ानून और प्रशासन के उच्चतर स्तर एवं अन्तर्राष्ट्रीय पारस्परिक सम्बन्ध की भाषा है। मुंशी जी और पुराने युग के, दूसरे अवशेषों के हाथ में नहीं है, कि वह अंग्रेज़ी को अक्षुण्ण रख सकें। अंग्रेज़ी को तेज़ी से हटानेवाले हमारे स्कूलों और कालेजों के छात्र हैं, जिन्हें अंग्रेज़ी के माध्यम द्वारा पढ़ना बहुत मुश्किल मालूम होता है, और हिन्दी या अपनी प्रादेशिक भाषाओं के माध्मय द्वारा सुगम। आगरा या दूसरे

विश्वविद्यालयों के प्रश्नों के उत्तर आज अंग्रेज़ी के मान्य होने पर भी हिन्दी में लिखे जा रहे हैं। प्रोफ़ेसर लोग कक्षा में अंग्रेज़ी छोड़ हिन्दी में भाषण देने के लिए मजबूर हैं, यह हम अच्छी तरह देख रहे हैं, और यह भी साफ़ समझ में आ रहा है, कि "गयां वक़्त फिर हाथ आता नहीं।" केन्द्रीय नौकरियों और दूसरे पदों के लिए अभी भी अंग्रेज़ी की अच्छी योग्यता अनिवार्य रखी गई है, और जिसके कारण यूरोपियन, ऐंग्लोइंडियन स्कूल तथा ईसाई कानवेंटों में पुराने नौकरशाहों की नई पौधें बचपन से ही अंग्रेज़ी की घुट्टी पीते, भारी तनख़्वाह की नौकरियों पर अपनी इज़ारादारी क़ायम रखना चाहते हैं। इसीलिए वह अंग्रेज़ी को ज़बर्दस्ती लाद रहे हैं। यह सरासर नीचता है कि प्रतिभाशाली तरुणों को ऊँचे पदों पर पहुँचने से वंचित किया जाए। क्योंकि प्रतिभा रखते हुए भी वह यूरोपियन स्कूलों और कान्वेन्टों की ख़र्चीली शिक्षा पा नहीं सकते। यह एक नया जाति भेद क़ायम रखना है, जिसे हमारा देश अधिक दिनों तक सहन नहीं कर सकता, और इसका परिणाम हमारे काले साहबों और उनकी सन्तानों के लिए भयंकर होगा। "उघरे अन्त न होइ निबाहू।"

उर्दू : उर्दू के हिमायती अपनी संकीर्णता और साम्प्रदायिकता के कारण उर्दू के पक्ष को कमज़ोर करते हैं और यदि उर्दू का अनिष्ट होगा, तो इन्हीं के प्रयत्न के कारण। हम सभी इसमें एकमत हैं, कि उर्दू हिन्दी से भिन्न भाषा नहीं है, वह हिन्दी की एक शैली है। यदि वह नागरी अक्षरों में पहिले से ही लिखी जाती रहती, तो इस शैली को पसन्द करनेवाले पाठकों की संख्या और भी अधिक होती। उर्दू के हिमायती भाषा के सम्बन्ध में बहुत उथला ज्ञान रखते हैं, और कितने ही यह मानने के लिए तैयार नहीं, कि हिन्दी और उर्दू दोनों वस्तुतः एक भाषा हैं। किसी भाषा का मूल तत्त्व उसके धातु, रूप, शब्दरूप अर्थात् उसका व्याकरण होता है। चाहे कितने ही शब्द आप दूसरी भाषा से ले लें, उससे भाषा दूसरी नहीं हो जाती। आख़िर उर्दू और हिन्दी में अन्तर इतना ही तो है, कि हिन्दी में संस्कृत तत्सम और तद्भव शब्द लिए जाते हैं, जबकि उर्दू में अरबी शब्दों की भरमार है। फ़ारसी शब्दों से हिन्दी का कोई विरोध नहीं, क्योंकि फ़ारसी भी उसी वंश की है, जिस वंश की संस्कृत और हिन्दी। यदि अरबी के यह शब्द अनिवार्य होने से आए होते, तो कोई आपत्ति नहीं थी, किन्तु हमें

मालूम है, कि हमारे पुराने शब्दों को कान पकड़-पकड़कर बाहर फेंका गया, और उनकी जगह पर अरबी शब्दों को बैठाया गया। आधुनिक फ़ारसी और उसकी भगिनी मध्यएशिया की ताजिक भाषा के साहित्य में हमने हाल में देखा है कि ऐसे अत्याचारों का वहाँ कितना बदला लिया गया। ज़बर्दस्ती बैठाए गए शब्दों को कान पकड़कर निकाल बाहर कर पुराने शब्दों को ढूँढ़-ढूँढ़कर अपनाया गया। तो भी सैकड़ों ऐसे अरबी शब्द हैं, जिन्हें हिन्दी ने हमारी जनता–ग्रामीण जनसाधारण–ने अपना लिया है, उन्हें निकालने का प्रयत्न कभी नहीं करना चाहिए। गरज, करज, मतलब, आदि ऐसे ही शब्द हैं। तो भी यदि अरबी शब्दों की भरमार से भारी-भरकम बनी हिन्दी की एक शैली उर्दू को कोई अपनाए रखना चाहे, तो हमें इसमें आपत्ति नहीं है। यदि कुछ लोग उस शैली को अरबी लिपि में लिखना ही पसन्द करना चाहते हैं, तो वह भी उन्हें मुबारक है। यद्यपि ताजिकी, उजबेकी, किर्मिजी, कजाकी, तुर्कमानी, आजुर्बायजानी और स्वयं इस्लामी खलीफ़ा के मुल्क की तुर्की ने अरबी लिपि की जगह दूसरी वैज्ञानिक लिपियों का अपनाकर बतला दिया है, कि ऐसा करने से इस्लाम को कोई ख़तरा नहीं है। यदि उर्दू भी नागरी अक्षरों में लिखी जाए तो यह कुफ्र नहीं है। पर आज तो हमारे दोस्त उर्दू के लिए सोच-समझ से काम न लेकर जेहाद करना ही सुगम रास्ता मानते हैं। जिसकी मातृभाषा उर्दू हो, और वह उर्दू के माध्यम से शिक्षा प्राप्त करना चाहे, तो सरकार का कर्तव्य है कि उसके लिए वैसा प्रबन्ध करे, यदि यथोचित संख्या में विद्यार्थी मिलते हैं। लेकिन मातृभाषा सिद्ध करने के लिए मौलाना और डॉक्टर जाकिर हुसैन का रास्ता ठीक नहीं है। अवधी, भोजपुरी, ब्रज या बुन्देलखंडी भाषा-क्षेत्रों के गाँवों के मुसलमानों से उर्दू के पक्ष में हस्ताक्षर कराना सरासर "पुरफ़रेब अमल" है, क्योंकि हम सभी जानते हैं कि हमारे गाँवों के साधारण मुसलमान वही भाषा बोलते हैं, जिसे हिन्दू। आजमगढ़ या बनारस का कोई गाँव का जुलाहा भोजपुरी छोड़ उर्दू को अपनी मातृभाषा नहीं कह सकता। फिर मातृभाषा के माध्यम द्वारा शिक्षा प्राप्त करने के अधिकार वाली बात का क्या यह दुरुपयोग नहीं है, कि इस्लाम में ख़तरे के नाम पर उनसे हस्ताक्षर कराया जाए। माना कि अभी उनमें अपनी भाषा के लिए वैसी भक्ति नहीं है, जैसी पूर्वी बंगाल के

मुसलमानों की अपनी मातृभाषा बँगला के प्रति। और इसमें हम हिन्दीवालों का भी क़सूर है, जो अब तक हम अपनी मातृभाषाओं के प्रति उपेक्षा दिखलाते रहे। कौरवी, हरियाणवी, मारवाड़ी, मालवी, बुन्देलखंडी, ब्रज, अवधी, भोजपुरी, मगही, मैथिली, कुमाईं, गढ़वाली आदि भाषाओं का सम्बन्ध हमारे अन्तरतम के साथ है, और प्राइमरी तक उनको माध्यम बनाकर हम अपने यहाँ की निरक्षता को जल्दी से दूर करते हुए अपने लाखों भाइयों को धोखे में पड़ने से बचा सकते हैं। उर्दू कहीं भी गाँव के लोगों की मातृभाषा नहीं है। शहरों में भी वह मुट्ठी भर पुराने मुस्लिम सामन्ती अवशेषों और उनके लग्गू-भग्गुओं की मातृभाषा है, इसलिए उनके बल पर उर्दू को प्रादेशिक भाषा घोषित कराने का प्रयत्न सर्वथा अनुचित और उपहासास्पद है। हाँ, जिनकी मातृभाषा उर्दू है, यदि वह उर्दू द्वारा शिक्षा प्राप्त करना चाहें, तो उसका प्रबन्ध करना चाहिए। प्राइमरी में ही नहीं, ज़रूरत हो तो अलीगढ़ या जामिया मिलिया—जो उर्दू माध्यम के केन्द्र हैं—के परीक्षा-क्षेत्र को बढ़ा देना चाहिए। हम जानते हैं, कि हिन्दी से अपरिचित होकर इस तरह की शिक्षा उर्दूवालों के लिए महँगी होगी और अधिकांश मुस्लिम शिक्षित तरुण हिन्दी से वंचित रहना कभी नहीं पसन्द करेंगे।

कलकत्ता के किसी मुर्शिद साहब ने गुस्से में अक्ल खोकर कहा है, "हिन्दी साहित्य नज़ीर अकबराबादी, मीर, अनीस, ग़ालिब, इकबाल, आधुनिकों में जोश मलीहाबादी, रघुपति सहाय फ़िराक, ब्रजमोहन कैफ़ी, जगन्नाथ आज़ाद, सागर निजामी आदि के बराबर का किसी को पैदा नहीं कर पाया।" यदि आँखों का अन्धा, कानों का बहरा सबसे अच्छा इन्साफ़ करनेवाला हो सकता है, तो मुर्शिद साहब का कहना बजा है, क्योंकि उन्होंने न कबीर का, न सूर-तुलसी का, न भूषण और बिहारी का, न ही पद्माकर और हरिश्चन्द्र का नाम सुना, और न उनके लिए पन्त, प्रसाद, निराला, महादेवी ही कोई अस्तित्व रखते हैं। हम उनके शब्दों में उत्तर नहीं देना चाहते। क्योंकि उर्दू के जिन अमर कवियों का उन्होंने नाम गिनाया है वह भी हमारे हैं, हिन्दीवाले अब उनकी कृतियों को नागरी अक्षरों में छपाकर पढ़कर आनन्द ले रहे हैं। वह कभी नहीं चाहेंगे, यह हमारे देश की विभूतियाँ इसलिए नष्ट हो जाएँ, कि उन्होंने हिन्दी की एक दूसरी शैली में

कविता की या वह दूसरे धर्म के माननेवाले थे। जायसी और रहीम हमारी भाषा के सिंगार माने जाते हैं। धर्म-भेद का यहाँ सवाल ही नहीं उठता। हम चाहते हैं कि उर्दू की सभी अमर कृतियाँ नागरी अक्षरों में छप जाएँ।

अरबी अक्षरों में लिखी जानेवाली उर्दू को उत्तर प्रदेश, बिहार, मध्यप्रदेश या किसी और हिन्दी प्रदेश की राज्यभाषा घोषित कराने की जो कोशिश डॉक्टर जाकिर हुसैन और उनके साथी कर रहे हैं, वह शहरों के पुराने मुसलमानी, सामन्तों और उनके लग्गू-भग्गुओं की भाषा को दूसरों पर ज़बर्दस्ती लादना होगा। जाकिर हुसैन साहब ने नवम्बर 1951 से जुलाई 1953 तक भारी प्रयत्न करके "इस्लाम ख़तरे में" और क्या-क्या दुहाई देकर साढ़े बीस लाख बालिगों और साढ़े बाईस लाख नाबालिगों के हस्ताक्षर कराए। अभी विलासपुर के राजा साहब ने भी डेढ़ लाख आबादी की अपनी पहिले की रियासत को अलग रखने के लिए भारी संख्या में लोगों के अँगूठे के निशान कराए हैं, जिसके बारे में एक उच्च अधिकारी कह रहे थे, एक आदमी की 10 अँगुलियों पर 10 आदमी के हस्ताक्षर कराए गए हैं। इसमें कोई सन्देह नहीं, कि हस्ताक्षर करनेवाले 43 लाख आदमियों में चौथाई भी ऐसे न होंगे, जिनकी मातृभाषा उर्दू थी।

हिन्दीवालों को सो जाने के लिए मैं नहीं कहूँगा, हाँ यह ज़रूर कहूँगा कि कुत्तों के भूकने से हाथी अपने रास्ते से विचलित नहीं हो सकता। काल और इतिहास के विधान पर आज तक कोई मेख नहीं मार सका।

जय हिन्दी।

राष्ट्रभाषा हिन्दी

कुछ लोगों ने मुझसे राष्ट्रभाषा हिन्दी के सम्बन्ध में कुछ प्रश्न पूछे हैं जिनका उत्तर मैं लिखित रूप में नीचे दे रहा हूँ।

यूनियन के सरकारी कामों के लिए जहाँ तक हो सके हिन्दी को अंग्रेज़ी का स्थान देना चाहिए और क़दम ऐसा उठाया जाए जिसमें दस साल के भीतर अंग्रेज़ी का स्थान हिन्दी ले ले। हमारे और विदेशी दूतावासों के साथ लिखा-पढ़ी में इंग्लिश का प्रयोग करना राष्ट्रीय अपमान की बात है, जिसे आप इंग्लैंड या अमेरिका को छोड़ किसी भी दूसरे देश के आदमी से पूछकर जान सकते हैं।

यूनियन और हिन्दीभाषी राज्यों के बीच में सारी लिखा-पढ़ी हिन्दी में होनी चाहिए। हाँ, जिन राज्यों की सरकारों को इसमें आपत्ति है, उनके लिए तब तक के लिए अंग्रेज़ी रख सकते हैं जब तक कि उनकी भाषा में

अनुवादित करके भेजने या वहाँ से आए पत्र-व्यवहारों को हिन्दी में करने का प्रबन्ध नहीं कर सकते। प्रादेशिक भाषाओं और हिन्दी का सम्बन्ध इतना घनिष्ठ है कि अनुवाद में कोई कठिनाई नहीं हो सकती।

हिन्दीवाले राज्यों को आपस में सारा पत्र-व्यवहार हिन्दी में करना चाहिए। हिन्दी और अहिन्दी राज्य इस काम को अनुवाद द्वारा कर सकते हैं। उन्हें अंग्रेज़ी को प्रोत्साहन नहीं देना चाहिए। हर हालत में अंग्रेज़ी को दस साल के बाद हमारे सरकारी कारोबार में स्थान नहीं मिलना चाहिए। उसके लिए जहाँ तक हो सके, हिन्दी का व्यवहार किया जाए और यदि उसके लिए किसी प्रकार की कठिनाई हो तो प्रादेशिक भाषाओं के अनुवाद के रूप में सब काम हो।

हमारे उत्तरप्रदेश में अभी हिन्दी के प्रयोग में जबानी जमाखर्च से काम किया जा रहा है। फ़ार्मों और कैशमेमों पर हिन्दी में हेडिंग छपे रहने पर भी हमारे अफ़सर लोग उस पर अंग्रेज़ी में लिखकर भेजते हैं। मसूरी नगरपालिका तो अंग्रेज़ी के व्यवहार में भी चुस्त है। जिसको नोटिस दिया जा रहा हो उसकी समझ में आए या न आए, लेकिन उसे नोटिस अंग्रेज़ी में ही दिया जाएगा। सारी कार्रवाई अंग्रेज़ी में ही होती है। राज्य में सिवाय ग्राम-पंचायतों के सब जगह अंग्रेज़ी का ही बोलबाला है।

अंग्रेज़ी के स्थान पर हिन्दी के आने से सांस्कृतिक और वैज्ञानिक प्रगति में बड़ी सहायता मिलेगी। क्योंकि इससे ज्ञान-विज्ञान के सीखने में बहुत आसानी होगी और राष्ट्रीय आत्माभिमान बढ़ेगा। औद्योगिक क्षेत्र में अपनी राष्ट्रीय भाषा के आने से यदि क्षति हो और अंग्रेज़ी से ही कल्याण होता हो तो अंग्रेज़ी भाषावाले देशों को सबसे पिछड़ा रहना चाहिए।

अंग्रेज़ी के परित्याग से और अपनी भाषा के ग्रहण से दूसरे देशों के सम्बन्ध में क्या अड़चन पैदा हो सकती है ? इंग्लैंड और उसके उपनिवेशों तथा अमेरिका को छोड़कर सभी देश अपनी ही भाषा द्वारा सारा काम करते हैं। हमें चीन और रूस में आधे दिल से हिन्दी को लेना ही पड़ रहा है। अड़चन सिर्फ़ नौकरशाही को ही हो सकती है, लेकिन यदि उसके सुभीते को देखा जाए तो अंग्रेज़ी की गुलामी से पिंड कभी नहीं छूटेगा।

यूनियन पब्लिक सर्विस कमीशन की परीक्षाओं में हिन्दी को प्रथम स्थान मिलना चाहिए। जिन्हें वैदेशिक विभाग में काम करना है, उनके लिए अंग्रेज़ी को ही नहीं बल्कि संसार की यूरोपीय और एशियाई पाँच-छह भाषाओं को भी परीक्षा में स्थान मिलना चाहिए। परीक्षार्थियों को अभी कितने ही वर्षों तक यह छूट रहनी चाहिए कि वह हिन्दी या किसी भी हमारी प्रादेशिक भाषा को अपना माध्यम चुन लें। जो हिन्दी के माध्यम से परीक्षा देना नहीं चाहते उनके लिए हिन्दी के परिचय का एक मामूली प्रश्न-पत्र होना चाहिए या उन्हें परीक्षा पास करने के बाद हिन्दी के सामान्य ज्ञान की परीक्षा देने का नियम होना चाहिए। हर हालत में हिन्दी का ज्ञान न होने के कारण किसी को इन सेवाओं के अयोग्य नहीं समझना चाहिए। यह तो निश्चित है कि जिनका हिन्दी का ज्ञान बहुत अच्छा है, वही हिन्दीभाषी राज्यों और केन्द्रों में काम कर सकेंगे। सेवाओं में काम करते हुए भी पारितोषिक देकर और दूसरी तरह से हिन्दी परीक्षाओं में सफलता प्राप्त करने के लिए प्रोत्साहन देना चाहिए। हिन्दी न जानने के कारण किसी के रास्ते में रुकावट नहीं होनी चाहिए यदि वह और विषयों में तथा देश की किसी एक भाषा में निपुण हो।

अनेक भाषाओं में परीक्षा लेने पर एक-सा स्टैंडर्ड उसी तरह क़ायम किया जा सकता है जैसे हमारे हाईस्कूलों और युनिवर्सिटियों की परीक्षाओं में है। भाषा को छोड़कर शेष विषयों में परीक्षा-माध्यम के तौर पर भिन्न-भिन्न भाषाओं के होने पर भी स्टैंडर्ड क़ायम करने में दिक्कत नहीं हो सकती।

अहिन्दीभाषी राज्य में हिन्दी का व्यवहार नहीं होने देना चाहिए। ऐसे राज्यों में हिन्दी को बलात् लाद देने से हिन्दी के प्रति अहिन्दीभाषियों में वैमनस्य पैदा होगा। कोई राज्य अनेक भाषाभाषी है, वहाँ भी हिन्दी को नहीं घुसने देना चाहिए। वहाँ भाषाओं के क्षेत्र तो अलग-अलग होंगे ही और अपने क्षेत्र में अपनी भाषा का व्यवहार उचित है।

हिन्दी का पर्याप्त ज्ञान (1965 तक) सभी हिन्दी भाषी राज्यों के अधिकारी प्राप्त कर सकते हैं, यदि अंग्रेज़ी को रखने का आग्रह न किया जाए। अहिन्दी राज्यों के लिए उसकी अनिवार्यता नहीं हो पर प्रोत्साहन दिया जा सकता है। केन्द्र, हिन्दी भाषी राज्यों और

दूतावासों में काम करने के लिए हिन्दी के पर्याप्त ज्ञान की अनिवार्यता होने पर लोगों को स्वयं हिन्दी पर अधिकार प्राप्त करने की प्रेरणा मिलेगी। इन सेवाओं में न जाने से आर्थिक तौर से घाटे में रहने का सवाल नहीं है, इसलिए कोई आपत्ति भी नहीं हो सकती।

संक्रान्ति काल में अंग्रेज़ी को वैकल्पिक रूप से व्यवहार करने में किसी को आपत्ति नहीं हो सकती, किन्तु यदि संक्रान्ति काल इतना बड़ा है जितने में कि हमारे आज के राष्ट्र-संचालक इस दुनिया में नहीं रहें, तो इसका अर्थ संक्रान्ति काल नहीं बल्कि अनन्तकाल है।

प्रादेशिक भाषाओं को ही अपने राज्य में ग्राम-पंचायत से हाईकोर्ट तक व्यवहार की भाषा के रूप में स्वीकृत किया जाना चाहिए। अहिन्दी भाषी किसी राज्य में भी हिन्दी को हाईकोर्ट की भाषा के तौर पर भी स्वीकृत नहीं किया जाना चाहिए। हिन्दीभाषी राज्यों और सुप्रीमकोर्ट की भाषा हिन्दी होनी चाहिए। हिन्दी का प्रादेशिक भाषाओं में ऐसा करने के लिए सिर्फ़ पारिभाषिक शब्दों की कमी है, जिन्हें एक साल में तैयार किया जा सकता है। संविधान के अनुवाद की तरह हमारी सारी क़ानूनी परिभाषाएँ देश भर के लिए एक होनी चाहिए। इनकी संख्या तीस हज़ार से अधिक नहीं होगी। इन परिभाषाओं के बन जाने पर हिन्दी, बँगला, मराठी, गुजराती आदि सभी भाषाएँ उच्चतम न्यायालय तक के काम के उपयुक्त हो जाएँगी।

संक्रान्ति काल में अंग्रेज़ी को वैकल्पिक भाषा के तौर पर रखा जा सकता है। उससे भी अच्छा हो यदि न्यायाधीश अपने फ़ैसलों को अपनी भाषा में डिक्टेट कराएँ और केवल परिभाषाओं को अंग्रेज़ी में रखें, जिनको तैयार कोश के सहारे देशी परिभाषाओं के रूप में बदलना कठिन नहीं होगा। संक्रान्ति काल में सुप्रीमकोर्ट के जजों को भाषा-क्षेत्र के अनुसार भी काम दिया जा सकता है। हाईकोर्ट में राज्य की भाषा से अनभिज्ञ जज को रखना ही नहीं चाहिए।

सुप्रीमकोर्ट की भाषा अंग्रेज़ी के स्थान पर हिन्दी होनी चाहिए; पर इसके पहले ही हाईकोर्ट की भाषा राज्य की भाषा होनी चाहिए। शासन लोगों के लाभ के लिए होना चाहिए, न कि लोग शासकों की सुविधा के लिए तकलीफ़ उठाएँ।

पार्लियामेंट की भाषा वे सभी भाषाएँ हो सकती हैं जिनमें

अपने विचार पूरी तरह से जनता के प्रतिनिधि प्रकट कर सकते हैं। उसे अनुवाद करके दूसरे सदस्यों तक पहुँचाने का काम सरकार का है। इस विषय में हम सोवियत देश की पार्लियामेंट से शिक्षा ले सकते हैं। वहाँ प्रत्येक सदस्य अपनी भाषा में अपने विचारों को प्रकट कर सकता है। पार्लियामेंट की कार्यवाही, वहाँ संघ की सोलह सर्व-प्रभुत्व-सम्पन्न गणराज्यों की भाषाओं में प्रकाशित होती है। हम भी यहाँ हिन्दी, बँगला, असमिया, उड़िया, मराठी, गुजराती, पंजाबी, कश्मीरी, तमिल, तेलुगु, मलयालम, कन्नड़ तथा उर्दू में अपनी कार्यवाहियों को प्रकाशित कर सकते हैं। यदि इसमें अधिक कठिनाई हो, तो जिस भाषा में संसद में व्याख्यान दिया जाए उसमें तथा उसके हिन्दी अनुवाद को प्रकाशित करके काम को आसान कर सकते हैं। राज्यों की विधानसभाओं में केवल उस राज्य की भाषा का प्रयोग किया जाना चाहिए, यदि कोई उस भाषा में अपने विचारों को अच्छी तरह प्रकट नहीं कर सकता तो उसे किसी दूसरी भाषा की छूट देनी चाहिए जिसमें अंग्रेज़ी शामिल है, क्योंकि हमारे यहाँ अंग्रेज़ीभाषी एंग्लो-इंडियन नागरिक भी हैं।

हिन्दीभाषी राज्यों में हिन्दी ने विश्वविद्यालय तक की शिक्षा का माध्यम बनने में अपने बल पर सफलता प्राप्त की है। हमारे बड़े शिक्षाधिकारी कम-से-कम युनिवर्सिटियों में अंग्रेज़ी को अक्षुण्ण रखने की पूरी कोशिश करते रहे हैं और अब भी कर रहे हैं। पर देश के स्वतन्त्र होने के बाद अपनी भाषा और उसके साहित्य के अध्ययन में विद्यार्थी अधिक समय देने लगे हैं। हाईस्कूलों के कितने ही विषय, जो पहले अंग्रेज़ी माध्यम से पढ़ाए जाते थे, अब हिन्दी के माध्यम से पढ़ाए जाते हैं। अब विद्यार्थी अंग्रेज़ी के लिए पहले जितना समय भी नहीं देते। इसका फल हुआ है—विद्यार्थियों की अंग्रेज़ी की योग्यता में कमी। यदि पुराने स्टैंडर्ड को अंग्रेज़ी के बारे में स्वीकार किया जाए तो हाईस्कूल की परीक्षा में दस सैकड़े विद्यार्थी भी उत्तीर्ण नहीं हो सकते। लाचार होकर अंग्रेज़ी के स्टैंडर्ड को क़ायम रखने में उपेक्षा करनी पड़ी। यदि इस तरह के विद्यार्थियों को कालेज और युनिवर्सिटी में पढ़ना होता है, तो वह अपने अध्यापकों के अंग्रेज़ी के लेक्चर समझ नहीं पाते। युनिवर्सिटी ने भी परीक्षाओं में उत्तर देने के लिए अब हिन्दी या अंग्रेज़ी दोनों को स्वीकार कर लिया है। विद्यार्थी अपने

अध्यापकों को यह कहकर हिन्दी में लेक्चर देने के लिए मजबूर कर रहे हैं कि हमें उत्तर तो हिन्दी में देना है, फिर अंग्रेज़ी का अधकचरा समझा लेक्चर हमारे किस काम आएगा। आगरा विश्वविद्यालय की परीक्षाओं में बैठनेवाले 90 प्रतिशत से अधिक विद्यार्थी हिन्दी में ही उत्तर देते हैं। अब इस विश्वविद्यालय ने निश्चय किया है कि प्रश्नपत्र हिन्दी और अंग्रेज़ी दोनों में हो। केन्द्रीय और राज्यों के सेवा आयोगों में अंग्रेज़ी का पक्षपात भी अभी अंग्रेज़ी को बरकरार रखे हुए है। इसी पक्षपात के कारण अभी अंग्रेज़ी माध्यमवाले यूरोपियन स्कूल भी फल-फूल रहे हैं। लेकिन यह पक्षपात भयंकर साबित हो सकता है, क्योंकि उच्च पदवाली नौकरियाँ उन्हीं के हाथों चली जा रही हैं जो अपने लड़कों को कान्वेन्ट और यूरोपियन स्कूलों में पढ़ाने की क्षमता रखते हैं। उच्च सेवाओं की इज़ारेदारी कुछ परिवारों के हाथों में चली जा रही है, इसे दूसरे लोग चुपचाप नहीं देख सकते। भारत की सारी प्रतिभाएँ कान्वेन्टों और यूरोपियन स्कूलों से आती हैं, इसको कोई नहीं मान सकता और इसके विरुद्ध प्रमाण प्रत्येक क्षेत्र के प्रतिभाशाली पुरुष हैं।

प्रत्येक विद्यार्थी को अपनी भाषा के अतिरिक्त एक और भारतीय भाषा को अवश्य पढ़ना चाहिए। इस नियम के अनुसार अहिन्दीभाषी विद्यार्थी को यथाशक्य हिन्दी नहीं तो किसी दूसरी एक भाषा को और हिन्दीभाषी विद्यार्थी को एक और भाषा सीखनी चाहिए। दूसरी भाषा का आरम्भ दस साल की उम्र में होना चाहिए। अनेक यूरोपियन देशों की तरह हाईस्कूल तक हमारे यहाँ भी संसार की दो भाषाओं को द्वितीय भाषा के तौर पर पढ़ना चाहिए। सुविधानुसार वह अंग्रेज़ी, फ्रेंच, जर्मन, रूसी आदि हो सकती है। एक विदेशी भाषा लेनेवाले संस्कृत को भी ले सकते हैं। इस प्रकार हमारे हाईस्कूल पास विद्यार्थी को अपनी भाषा के अतिरिक्त एक प्रादेशिक भाषा और दोनों विदेशी या एक विदेशी और एक संस्कृत इन चार भाषाओं को पढ़ना चाहिए। किसी-किसी विद्यार्थी को ऐसी अनिवार्यता से मुक्त भी किया जा सकता है।

ऊपर के सारे विरोधों के रहते, हमारे उत्तर प्रदेश में युनिवर्सिटी तक की शिक्षा का माध्यम बहुत कुछ हिन्दी हो चुकी है। पाठ्य पुस्तकों की बी.ए. और बी.एस-सी. तक कोई दिक्कत नहीं है।

विज्ञान में कुछ दिक्कत है तो वह इसीलिए कि अंग्रेज़ी का उसके लिए पक्षपात किया जाता है। तो भी भौतिक, रसायन विज्ञान जैसे विषयों पर भी पाठ्य पुस्तकें तैयार हो गई हैं। पढ़नेवाले तैयार हैं, लेखक और प्रकाशक के लिए यह लाभ का सौदा है, इसलिए वह क्यों नहीं तैयार होंगे ? परिभाषाओं की अड़चनें भी उतनी ज़्यादा नहीं। हाँ, यह ज़रूर है कि यदि केन्द्रीय सरकार या युनिवर्सिटियाँ मिलकर परिभाषाएँ बनवा देतीं तो उनमें एकरूपता रहती। भिन्न-भिन्न लेखक कोशिश तो करते हैं, पर उनकी परिभाषाएँ कभी-कभी एक दूसरे से भिन्न हो जाती हैं। ब्रेकेट या फुटनोट में अंग्रेज़ी परिभाषाएँ भी दे दी जाती हैं, जिससे समझने में दिक्कत नहीं होती। हिन्दी में लेक्चर देनेवाले अध्यापक भी अंग्रेज़ी परिभाषाओं से अपना काम चला लेते हैं। अपने व्यवहार से उन्होंने संक्रान्तिकाल के लिए रास्ता निकाल लिया है—आवश्यकता हो तो अंग्रेज़ी परिभाषाओं के साथ काम चलाया जाए। हिन्दी क्षेत्र में बहुत-सी युनिवर्सिटियाँ हैं, इसलिए विद्यार्थियों को एक जगह से दूसरी जगह जाने में भाषा की कोई दिक्कत नहीं होती। हाँ, अहिन्दीभाषी विद्यार्थियों के लिए इसमें दिक्कत हो सकती है। इसका एक ही रास्ता है—सभी परिभाषाओं को जल्दी-से-जल्दी तैयार कर लिया जाए, जिनकी संख्या मेडिकल साइंस को छोड़कर एक लाख से ज़्यादा नहीं होगी। इसके लिए एक विशेष संस्था की आवश्यकता है जो शीघ्र-से-शीघ्र इस काम को करे। साइंस के विकास और विस्तार के साथ परिभाषाएँ भी बढ़ती हैं, इसलिए ऐसी केन्द्रीय संस्था को स्थायी होना भी ज़रूरी है। इसके लिए रूसी साइंस अकादमी का उदाहरण हमारे सामने मौजूद है।

जहाँ शिक्षा का माध्यम हिन्दी नहीं है, वहाँ हिन्दी के साधारण ज्ञान को द्वितीय भाषा के तौर पर प्राप्त करने के लिए प्रोत्साहन देना चाहिए। परिभाषाएँ सारे देश की एक होने तथा हिन्दी के साधारण ज्ञान के प्राप्त कर लेने पर विद्यार्थियों को भारत के किसी भी विश्वविद्यालय में जाकर पढ़ने में दिक्कत नहीं होगी, किन्तु हिन्दी सीखने की ऐसी अनिवार्यता किसी भी अहिन्दीभाषी विद्यार्थी के लिए नहीं करनी चाहिए। जिससे उसके आगे बढ़ने में दिक्कत हो।

परिभाषाओं के निर्माण में, संविधान के अनुवाद के समय को छोड़कर बहुत ही ढिलाई से काम लिया जा रहा है। केन्द्रीय शिक्षा

विभाग तो, मालूम होता है, इसमें रोड़ा अटकाने के लिए कटिबद्ध हो गया है। वह न अपने ही इस काम को जल्दी करना चाहता है और न रास्ता छोड़ता है। हिन्दी को संघ की भाषा स्वीकार किए कतिपय वर्ष हो गए, लेकिन अभी तक पाँच हज़ार के क़रीब परिभाषाएँ बनाई गई हैं, जो भी अभी स्वीकृत नहीं केवल विचारार्थ प्रकाशित की गई हैं। सारे ज्ञान-विज्ञान के लिए पाँच लाख परिभाषाओं की आवश्यकता होगी। इसके लिए शिक्षा मन्त्रालय के लिए 2000 ई. तक का समय भी पर्याप्त नहीं होगा। यह अत्यावश्यक है कि परिभाषाओं के निर्माण तथा कितने ही उपयोगी सरकारी अभिलेखों के अनुवाद के लिए अलग केन्द्रीय प्रतिष्ठान क़ायम किया जाए, जिसके लिए राज्यों की सरकारों, उच्च न्यायालयों, युनिवर्सिटियों और विशेषज्ञों से सहायता ली जाए। परिभाषाओं के निर्माण का काम ऐसी गति से किया जाए जिसमें 1960 ई. तक वह पूरी तैयार हो जाए। परिभाषाएँ देश की सभी भाषाओं में एक होनी चाहिए।

अहिन्दीभाषियों के लिए हिन्दी का व्याकरण सुगम होना चाहिए, जो काम हाल में शिक्षा मन्त्रालय द्वारा तैयार कराए गए हिन्दी व्याकरण से हो सकता है। हिन्दी और देश की अन्य भाषाओं का जो सम्मिलित शब्द-भंडार है, उसका अधिक-से-अधिक प्रयोग हिन्दी पुस्तकों में होना चाहिए।

जैसा कि अभी मैंने कहा, हिन्दी के प्रचार तथा परिभाषाओं के निर्माण के लिए एक केन्द्रीय स्थायी संस्था का बनाना अत्यावश्यक है। इसकी मुख्य कमेटी बहुत बड़ी नहीं होनी चाहिए और उसमें हिन्दी के अतिरिक्त बँगला, असमिया, उड़िया, तेलुगु, तमिल, मलयालम, कन्नड़, मराठी, गुजराती आदि के एक-एक प्रतिनिधि ज़रूर होने चाहिए। बड़े निर्णय के लिए देश की सभी प्रधान भाषाओं के दो-दो प्रतिनिधियों की एक कान्फ्रेंस समय-समय पर होती रहनी चाहिए जिसमें किसी भी बड़े निर्णय को करने में उसकी सम्मति से लाभ उठाया जा सके।

अन्तर्राष्ट्रीय अंक भी भारतीय अंकों से ही निकले हैं और टाइपराइटर तथा छापेख़ाने में उनके प्रयोग में कोई दिक्कत नहीं है। उत्तरी भारत के महान् आविष्कार इन अंकों को न स्वीकार कर, दूर दक्षिण की भाषाएँ हमारे पुराने अक्षरवाले अंक संकेत को ही अपनाए

रहीं, जिसमें कुछ कठिनाइयाँ थीं। उन्होंने अंग्रेज़ी राज्यों में छापाख़ाने के आने के बाद अपने पुराने अंकों को स्वीकार कर लिया जो वहाँ आजकल चल रहे हैं। पर इन भाषाओं को छोड़कर शेष भाषाओं के अपने अंक हैं। सुन्दर अक्षर लिखने में हिन्दी और दूसरी भाषाओं में भी अपनी ख़ास तरह से कटी क़लम का प्रयोग करना पड़ता है। तिरछी कटी हुई हिन्दी क़लम से अंगेज़ी के अंकों को सुन्दर नहीं, विकृत रूप में ही लिखा जा सकता है। हिन्दीवाले और उसी लिपि को व्यवहार करनेवाले मराठीभाषी भी यह नहीं पसन्द करते कि उनके अपने अंकों को हटाकर अंग्रेज़ी अंकों को लिया जाए। उनके ऊपर अंग्रेज़ी अंकों को लादना बुरा होगा। अच्छा है इसे ऐच्छिक रखा जाए। जो चाहे अंग्रेज़ी अंकों को व्यवहार में लाए जो चाहे हिन्दी अंकों को।

मैं पहले बतला चुका हूँ कि हमारे प्रत्येक विद्यार्थी को दस वर्ष की उमर या चौथी श्रेणी से ऊपर अपनी भाषा के अतिरिक्त एक और भाषा को भी अनिवार्य रूप से पढ़ना चाहिए। हिन्दीवालों को उसी तरह एक दूसरी भाषा को पढ़ना चाहिए, जिस तरह अहिन्दीभाषियों को हिन्दी या कोई दूसरी भाषा।

हाईस्कूल में संस्कृत को पाठ्य बनाना अनिवार्य तो नहीं, पर आवश्यक कर देना चाहिए। संस्कृत के अध्ययन को प्रोत्साहन देना चाहिए। पिछले दस सालों में बनारस और दूसरी जगहों पर संस्कृत के गम्भीर अध्ययन का जो रूप देखा जाता है, उससे बहुत चिन्ता हो रही है। संस्कृत के अध्यापकों को दूसरे विषयों के अधिकतम वेतनवाले ग्रेड में करके हम कुछ इस अवनति को रोक सकते हैं। इससे भी बढ़कर एक भारतीय संस्कृत परिषद् की स्थापना करने की आवश्यकता है, जिसमें सारे देश के संस्कृत के विद्वानों में से चुनकर प्रतिवर्ष दो को पारिषद्य बनाना चाहिए। प्रत्येक पारिषद्य को आजीवन हज़ार रुपया प्रतिमास मिले। आरम्भ में चुनाव का कुछ ऐसा ढंग स्वीकार किया जाए, जिसमें देश के वास्तविक दिग्गज विद्वान परिषद् में आ सकें। इसके लिए दिल्ली में विद्वानों का छोटा-सा सम्मेलन और शास्त्रार्थ भी कराया जा सकता है। जब पारिषद्यों की संख्या बीस हो जाए, तो उन्हीं को नए पारिषद्यों से और उप-पारिषद्यों के निर्वाचन का अधिकार दिया जाए। पारिषद्यों

की संख्या बीस से अधिक न हो, और उप-पारिषद्यों की दस से अधिक न हो। साल में अधिक-से-अधिक तीन साढ़े तीन लाख रुपए ख़र्च होंगे और इससे हम संस्कृत की गम्भीर विद्वत्ता की रक्षा कर सकेंगे।

(मसूरी, 20.08.55)

राष्ट्रभाषा की जननी–कौरवी

राष्ट्रभाषा हिन्दी का उद्‌गम कौरवी अर्थात् कुरुदेश की लोकभाषा है, जो सहारनपुर, मुजफ़्फ़रनगर, मेरठ तीनों सम्पूर्ण ज़िलों तथा बुलन्दशहर के उत्तरी भाग में बोली जाती है। पश्चिम में इसकी सीमा जमुना है, पूर्व में बहुत दूर तक गंगा के साथ-साथ यह सीमा बिजनौर ज़िले के कितने ही गंगा-पार के गाँवों में भी चली गई है। हिन्दी की मूलभूमि और मूलभाषा इसी भूभाग की बोली है, जिसे अब मानने में शायद ही किसी विद्वान को आपत्ति हो। कुछ लोग पुरानी कल्पना को मानते हुए दिल्ली और उसके आसपास की भूमि को हिन्दी की मूलभूमि होने का श्रेय देना चाहते थे, लेकिन दिल्ली के आसपास की बोली हरियानी या बाँगरू है, जो कौरवी से बहुत घनिष्ट सम्बन्ध रखती है, इसमें सन्देह नहीं, लेकिन वह हिन्दी की मूलभाषा स्वीकार नहीं की जा सकती। सबसे बड़ा अन्तर हिन्दी और

हरियानी में 'है' की जगह 'सै' होना है। वैसे हरियानी और कौरवी में सभी बातों में समानता है, केवल 'है-सै' और 'हूँ-सूँ' का अन्तर है। तब भी यह अन्तर बतलाता है कि हिन्दी कौरवी की उपज है। कौरवीभाषी स्वयं अपनी भाषा के प्रति गौरव प्रकट करने में संकोच करते हैं, इसलिए किताबी हिन्दी या शहरों के कुछ आकाशबेल–जैसे परिवारों की हिन्दी बोल लेनेवाले लोग यदि कौरवीभाषा की 'रोट्टी-गड्डी बेट्टा-बेट्टी' की हँसी उड़ाएँ तो इसमें आश्चर्य क्या? भाषाओं के गुण-दोषों का परिचय रखनेवाले यह मानते हैं कि जिस साहित्यिक भाषा का सम्बन्ध अपनी बोली से नहीं होता वह उतनी कोमल, भावव्यंजक और सरल नहीं रह सकती। बोली असल में धरती है। उसके सम्बन्ध द्वारा ही साहित्यिक भाषा की जड़ धरती में गड़ी रहती है और उसे वहाँ से सर्वांगीण पुष्टि मिलती है। कौरवीभाषी 'वह आवे' कहेगा, जबकि साहित्यिक हिन्दीवाला कहेगा–'वह आता है।' 'आवे'–जैसे प्रयोग उर्दू कविता में पहले किसी समय होते थे, लेकिन पीछे उर्दू साहित्यकारों ने उसे मतरूक (परित्याज्य) कर दिया। लेकिन 'आता है' से 'आवे' में शब्द-लाघव तो है ही साथ-ही-साथ इसका सम्बन्ध सीधे संस्कृत के धातुरूप 'आयाति' से हो जाता है और 'आता है' में वह सम्बन्ध कर्तृवाची क्रिया द्वारा लम्बे द्रविड़-प्राणायाम द्वारा स्थापित होता है।

जनसाहित्य से सम्पर्क आवश्यक : यहाँ हमें कौरवी के व्याकरण या भाषातत्त्व के बारे में नहीं कहना है, बल्कि पाठकों का ध्यान कौरवी जनसाहित्य की उपादेयता की ओर आकृष्ट करना है। हिन्दी साहित्यकारों का हिन्दी की असली बोली के साथ परिचय होने की बड़ी आवश्यकता है। हमारी भाषा का अन्तिम तथा सुन्दर विकास तभी हो सकेगा जबकि कौरवी के साथ उसका फिर से सजीव सम्बन्ध स्थापित किया जाएगा। यह सबके मान की बात नहीं है कि कौरवी की भूमि में कुछ समय बिताकर वहाँ की भाषा से परिचय प्राप्त किया जाए। लेकिन ऐसा सम्पर्क वहाँ के जनसाहित्य के साथ स्थापित करना कठिन नहीं है। परन्तु अफ़सोस यह है कि कौरवी जनसाहित्य संग्रह करने का आजतक उतना भी प्रयत्न नहीं हुआ है जितना भोजपुरी और दूसरी कितनी ही भाषाओं के लिए। मुश्किल से चार-पाँच आदमियों ने बहुत थोड़ा-सा इस दिशा में काम किया है

और कोई बड़ा संग्रह अभी तक प्रकाश में नहीं आया। लोटा-डोरी कन्धे पर डालकर कौरवी जनसाहित्य के संग्रह के लिए फकीर बननेवाले अभी पैदा नहीं हुए। कुरु देश के शहरों में शुद्ध कौरवी मुश्किल से सुनने में आती है। वहाँ के कितने ही शिक्षित तो यह भी मानने से इन्कार करते हैं कि उनकी भाषा 'रोट्टी-बेट्टी' से सम्बन्ध रखती है। अब तक चाहे कौरवी जनसाहित्य के संग्रह की ओर लोगों का ध्यान हो गया हो, लेकिन अब जब कि हिन्दी को सर्वांग परिपूर्ण करने की कोशिश की जा रही है और विश्व के सारे ज्ञान-विज्ञान को हिन्दी में लाने के लिए लाखों की संख्या में परिभाषाओं के निर्माण और ग्रन्थ-प्रणयन की कोशिश की जा रही है, उस समय हिन्दी-गंगा का गोमुख से निर्बाध सम्बन्ध जोड़ देना बहुत ज़रूरी है। इस सम्बन्ध के न होने से आए-दिन साहित्यकारों को कठिनाई का सामना करना पड़ता है। समाज के अधूरे चित्रण का जो दोष हमारे कथा-साहित्य पर आता है, उसमें एक कारण कौरवी जनसाहित्य और शब्दकोश की अनभिज्ञता भी है। अंग्रेज़ी और दूसरी भाषाओं के कथा साहित्य में हम सामाजिक जीवन के बारीक-से-बारीक रूप को चित्रित पाते हैं। बँगला अपनी उदगम बोली से अलग-थलग नहीं है, इसलिए उसको भी ये सुभीते प्राप्त हैं। बोली से और अधिक अनुप्राणित करने के लिए रवीन्द्र और शरच्चन्द्र जैसे महान साहित्यकारों ने बँगला के लिए भारी काम किया। प्रेमचन्द ने जनजीवन के भीतर अधिक गहराई तक उतरने के लिए इस दिशा में कुछ काम ज़रूर किया, लेकिन उनकी भाषा भोजपुरी (बनारसी) थी और जहाँ कहीं वह उसका पुट डालते, वहाँ उर्दूवाले नाक-भौं सिकोड़ने लगते और कैफ़ी-जैसे उर्दू के दिग्गज साहित्यकार तो उनकी भाषा को पुरबिया या दूसरे अर्थों में गँवारू कहते। प्रेमचन्द्र को भी संकोच होता, क्योंकि बनारसी शब्दों से वह अपनी कृतियों को भर नहीं सकते थे। इसमें शक नहीं कि कौरवी-हरियानी, ब्रज-अवधी, मगही-मैथिली-भोजपुरी, बुन्देलखंडी-मालवी, मेवाड़ी-मारवाड़ी, कुमाऊँनी-गढ़वाली में भी बहुत से शब्द कुछ थोड़े-से उच्चारणों के साथ एक ही जैसे मिलते हैं, लेकिन उनके शब्दकोश में काफ़ी ऐसे शब्द हैं जो उनके निजी हैं और जिनका प्रयोग करना पाठकों के लिए कठिनाई उपस्थित करता है। साथ ही ऐसे प्रयोग की छूट कर देने का मतलब है हिन्दी को स्थानीयता से भरकर दुरूह बना

देना। नौका-विहार के वर्णन के लिए हमें नाव के हर एक अंग तथा उसकी हर तरह की चाल के लिए सैकड़ों शब्दों की आवश्यकता है। ये शब्द हमारी भाषाओं में मौजूद हैं, लेकिन स्थानीयता का ख़याल करके हम उनको इस्तेमाल नहीं करते, चाहे उसके कारण हमारा चित्र अधूरा ही क्यों न रह जाए। पूर्वी उत्तर प्रदेश और बिहार में ख़ास तरह की अनाज रखने की बखारें होती हैं। मैंने 'बखार' शब्द की आवश्यकता समझी, लेकिन मैं कभी शायद इस्तेमाल न करता यदि मुझे मालूम न होता कि यह शब्द केवल बिहारी भाषाओं का ही नहीं है, बल्कि मालवा में भी यह प्रचलित है।

जहाँ स्थानीय शब्दों में इस तरह का भेद हो, वहाँ यदि हमें कौरवी का पर्यायवाची शब्द मालूम हो तो हम उसे निस्संकोच इस्तेमाल कर सकते हैं। इस काम के लिए भी सजीव कौरवी भाषा के एक सम्पूर्ण कोश और व्याकरण की आवश्यकता है। कौरवी जनभाषा का व्याकरण हिन्दी भाषा को सरल कर सकता है, यह भी ध्यान देने की बात है। लेकिन व्याकरण और कोश के लिए कौरवी की छपी-छपाई पुस्तकें पहले मौजूद नहीं हैं, इसलिए पानी पीने से पहले कुआँ खोदने की आवश्यकता होगी। लोकसाहित्य चाहे वह गीत हो या कथा, अपना स्वयं काव्यमय महत्त्व रखता है। आज हमारे कितने ही विद्वानों के परिश्रम के कारण हम भोजपुरी लोकसाहित्य का आनन्द लेते हैं, मैथिली और ब्रज का भी रसास्वादन करते हैं, लेकिन हिन्दी के मूल रूप कौरवी के साहित्य के अलिखित और अमुद्रित होने से हम उससे वंचित हैं।

लगनपूर्वक संग्रह की आवश्यकता : हिन्दी की ही नहीं, बल्कि भारतीय साहित्य और दर्शन की आदिभूमि कुरु प्रदेश आज उपेक्षित-सा है। यही कुरुदेश और उसका पड़ोसी पांचालदेश है, जहाँ के राजाओं-दिवोदास और सुदास (पिता-पुत्र) के समय ऋग्वेद के रचयिता प्राचीनतम ऋषि विश्वामित्र, वशिष्ठ और भरद्वाज हुए थे। इसी भूमि में याज्ञवल्क्य, उद्दालक, आरुणि आदि उपनिषद् के आदिम और सर्वश्रेष्ठ विचारक पैदा हुए। और तो और, बुद्ध के गम्भीर दर्शनवाले उपदेश कुरुदेश में क्यों दिए गए, इस पर त्रिपिटक के अट्ठकथाकार (भाष्यकार) बतलाते हैं कि कुरुदेश की प्रकृति और प्रजा स्वभावतः गम्भीरप्रज्ञ होती है। इतना होते हुए भी हमीं को नहीं,

बल्कि कुरु निवासियों को भी हिन्दी उनके यहाँ की नहीं बल्कि किसी दूसरे भूखंड की भाषा मालूम होती है। मैंने कुरु निवासी साहित्यकारों और अधिकारी पुरुषों और महिलाओं से कई बार इसके बारे में कहा, लेकिन अधिकतर वह अरण्यरोदन-सा रहा। लेकिन मैं यह नहीं मानता कि अदूर भविष्य में वे अपने इस कर्त्तव्य का पालन नहीं करेंगे। कुछ लोगों ने कहने पर पहले बड़ा उत्साह दिखलाया और मुझे मालूम हुआ कि अब नैया पार लग जाएगी, पर बहुत बार निराश होकर रहना पड़ा। तब भी अपनी आदतवश किसी कौरव-अधिकारी पुरुष या महिला को देखकर लोकसाहित्य के संग्रह करने पर बोले बिना नहीं रहता। इसी बात को मैंने एक साहित्य में रुचि रखनेवाली तरुण महिला से भी कहा। वह बात मैं भूल गया था, किन्तु कई महीनों बाद उनका यह पत्र पाकर बड़ी प्रसन्नता हुई।

"आपको मेरा यह पत्र देखकर आश्चर्य होगा। आपके आदेशानुसार यहाँ सहारनपुर ज़िला के गीत जमा कर रही हूँ। दो सौ गीत अभी तक हो पाए हैं। गीतों के अधिक होने की आशा है। कहानियाँ अभी बहुत कम हो पाई हैं। यहाँ पर गीत आदि जमा करने में मुझे अच्छे अनुभव हो रहे हैं—मुझे अच्छा लग रहा है।"

महिला हिन्दी एम.ए. है और कुरुदेश की पुत्री, इसलिए वह अधिकारपूर्वक इस काम को कर सकती है। इधर प्रेमीजी ने भी इस काम को हाथ में लिया है और उन्होंने काफ़ी गीत एकत्र किए हैं।

कौरवी लोकसाहित्य के संग्रह का काम एक या दो आदमियों के मान का नहीं है, यद्यपि यदि एक आदमी भी अपने जीवन के बीस-पच्चीस साल अर्पित कर दे तो गुजरात के मेघाणी की तरह वह बहुत काम कर सकता है। लोकसाहित्य का संग्रह करने में जितनी सावधानी पश्चिमी देशों-और विशेषकर रूस में रखी जाती है और उसके सर्वांगीण महत्त्व को क़ायम रखने के लिए जिसकी आवश्यकता भी है—उतनी अभी हमारे देश में नहीं हो पाई है। सोवियत के देशों में लोकगीतों को जहाँ बोलनेवाले के ठीक उच्चारण के साथ उतारने की कोशिश की जाती है वहाँ हरएक गीत की स्वर लिपि भी दे दी जाती है। इन स्वरलिपियों के तुलनात्मक अध्ययन से लोकगीतों के वंश और प्रसार के इतिहास पर भारी प्रकाश पड़ता है। यद्यपि हम हरएक लोकगीत-संग्राहक से आशा नहीं रख सकते कि वह गायक या

संगीत से परिचित होगा, तथापि यह अच्छा होगा कि वह स्वरलिपि का कुछ ज्ञान रखे। यह काम गायक न होने पर भी कितनों के लिए उतना कठिन नहीं होगा। किताबी हिन्दी ने कुरुदेश के नगरों में सर्वत्र अपना प्रभुत्व स्थापित कर दिया है। शिक्षित तो कौरवी बोलना पसन्द नहीं करते और अशिक्षित भी शिक्षितों की नकल करके अधिक-से-अधिक शब्दों को बिगाड़कर बोलने का प्रयत्न करते हैं। शिक्षा के प्रसार के साथ गाँवों में भी इसका प्रभाव बड़े ज़ोर से पड़ रहा है और डर है कि एकाध ही पीढ़ी में कौरवी के बहुत से शुद्ध रूप नष्ट या विकृत हो जाएँगे। इसलिए भी हमें जल्दी करने की आवश्यकता है।

साप्ताहिक हिन्दुस्तान, फ़रवरी 22, 1953

हमारी परिभाषाएँ

शताब्दियों से उपेक्षित भारतीय भाषाएँ स्वतन्त्रता के बाद अपने अधिकार की माँग कर रही हैं। बालिग मताधिकार से लोगों द्वारा निर्वाचित प्रतिनिधियों की सरकारें आज केन्द्र और प्रान्तों पर शासन कर रही हैं। इस प्रकार जनता का शासन कहा जा सकता है, पर अंग्रेज़ी अब भी अपना स्थान पहिली तरह बनाए हुए है। बल्कि यह कहना चाहिए, जहाँ वह नहीं थी, वहाँ भी नौकरशाही की कृपा से पहुँच गई है। राजस्थान और मध्यभारत की रियासतों में शासन और न्याय का सारा काम स्वतन्त्रता के पहिले हिन्दी में हुआ करता था, पर नौकरशाहों की सुविधा के लिए वह अंग्रेज़ी में हो रहा है। नौकरशाह और उनके पिछलग्गू मन्त्री जनता की दिक़्क़तों को नहीं देखते। आई.सी.एस. और आई.ए. एस. जो रियासतों के विलयन के बाद ही वहाँ पहुँच गए, वह अंग्रेज़ी में ही ऑफ़िस चलाने के आदी थे। उन्होंने वहाँ

पहुँचते ही अंग्रेज़ी का बोलबाला कर दिया। जनता चूल्हे-भाड़ में जाए उनकी बला से। प्रान्तीय क्या केन्द्र सरकार भी अंग्रेज़ी का खुल्लम-खुल्ला पक्ष लेने की हिम्मत नहीं रखती। अभी उस दिन एक हिन्दी प्रेमी संसद-सदस्य बतला रहे थे। नेहरूजी का रुख देखकर उनके कृपापात्र छोटे मन्त्री और एम.पी. भी हुआँ-हुआँ करने के लिए तैयार थे। हमारे मित्र ने कहा—मैं अंग्रेज़ी के हिमायती आप लोगों का नाम जनता में प्रचारित करूँगा। इस पर छोटे देवता सकबकाए और बोलने लगे—ऐसा न करें। उनको मालूम था—वोट के समय इससे जनता का विश्वास खोना पड़ेगा। संविधान ने 15 वर्ष में अंग्रेज़ी को अपदस्थ करने का विचार प्रकट किया था, अब नेहरूजी के ताज़े वक्तव्य ने संविधान की मंशा को ताक पर रखकर अनिश्चित काल के लिए अंग्रेज़ी का रास्ता खोल दिया है।

यह किसको नहीं मालूम है, कि बंगाल में बँगला, उड़ीसा में उड़िया, पंजाब में पंजाबी, हिन्दी प्रदेशों में हिन्दी में सारी कार्रवाई हो, न्यायालयों के फ़ैसले हिन्दी आदि अपनी प्रादेशिक भाषाओं में हों, कहीं अंग्रेज़ी का प्रयोग न हो, तो जन-साधारण को उससे बहुत सुभीता होगा, हाँ इससे पुरानी पीढ़ी के नौकरशाहों को दिक़्क़त ज़रूर होगी। पर, साफ़ दीखता है, कि शासन प्रजा के लिए नहीं हो रहा है, बल्कि प्रजा नौकरशाहों की सुविधा के लिए है।

हिन्दीवालों की इसमें भारी ज़िम्मेवारी है, क्योंकि भारत का आधा उनके क्षेत्र में पड़ता है। उनमें कुछ इसके लिए परेशान हो रहे हैं, कि भारत के अहिन्दी भाषावाले प्रदेश क्यों नहीं हिन्दी को सम्मिलित भाषा मान लेते। जब तक हिन्दी प्रदेशों में वह कलक्टरियों, कमिश्नरियों, सरकारी ऑफ़िसों की भाषा हिन्दी नहीं करा लेते, जब तक वहाँ ग्राम पंचायतों से हाईकोर्टों, प्राइमरी स्कूलों से युनिवर्सिटियों की भाषा हिन्दी नहीं करा लेते, तब तक वह किस मुँह से अहिन्दी प्रान्तों के सामने यह बात रखने का साहस कर सकते हैं। अपने प्रान्तों में मन्त्रियों की मीठी बातों से सन्तुष्ट हो जाते हैं, और पनाला वहीं रह जाता है। पत्रों और मेमो के सिरनामे हिन्दी में छपे रहते हैं, और उन पर लिखा जाता है अंग्रेज़ी में। ऑफ़िसों में हिन्दी का प्रवेश कराने के लिए वहाँ से अंग्रेज़ी टाइपराइटरों को बिदा करना चाहिए था, उसकी भी ज़रूरत नहीं, टाइपराइटर कम्पनियाँ थोड़े-से ख़र्च पर

उसी मशीन पर अंग्रेज़ी टाइप हटाकर नागरी, या दूसरे टाइप जड़ सकती हैं, पर यदि कोई ऐसा करना चाहता हो तब ना ? अब तो यह कहने का भी अवसर नहीं है, कि कचहरियों के लिए उपयुक्त शब्दों का अभाव है, ऐसे बहुत से शब्दकोश छप चुके हैं। केन्द्रीय क़ानून मन्त्रालय बहुत से क़ानूनों का अनुवाद करवा चुका है, जिनमें कई हज़ार शब्द आ चुके हैं। हाँ, उन्हें क़ानूनी दस्तावेज का रूप नहीं दिया गया है। यह भी एक चाल है, जिसमें काम को अधर में लटकाया जा सके।

आज अंग्रेज़ी में एक वर्ग का निहित स्वार्थ छिपा हुआ है। पुराने बड़े नौकरशाह चाहते हैं, कि बड़ी-बड़ी सरकारी नौकरियाँ--सैनिक-असैनिक, प्रादेशिक-केन्द्रीय उनकी पौध से बाहर न जाने पाए। इसके लिए यह ज़रूरी है, कि अंग्रेज़ी अपने स्थान पर अंग्रेज़ों के समय की तरह ही बनी रहे। उनकी कृपा से अब भी अंग्रेज़ी माध्यमवाले कान्वेन्टों और यूरोपियन स्कूलों में छात्रों की भरमार है। इन स्कूलों में पढ़े तरुणों का वह प्रतिभाशाली तरुण मुक़ाबला नहीं कर सकते जो साधारण स्कूलों में अधिकतर अपनी मातृभाषा के माध्यम से पढ़ते हैं। नौकरियों में चुनाव के समय व्यक्तित्व (पर्सनलिटी) का विशेष ध्यान दिया जाता है। यूरोपियन ढंग से पले अपना व्यक्तित्व अच्छी तरह नौकरशाह पब्लिक-सर्विस-कमीशन सदस्यों के सामने दिखला सकते हैं ! इस निकृष्ट स्वार्थ के लिए अंग्रेज़ी की हिमायत साइंस, अन्तर्राष्ट्रीय और न जाने किस-किस नाम से की जाती है।

हमारी भाषाओं को अपना स्थान लेने के विपक्ष में सबसे बड़ा ब्रह्मास्त्र यह छोड़ा जाता है कि अभी उनमें वह शक्ति नहीं है, कि विश्व के ज्ञान-विज्ञान को उसमें लाया जा सके। यह कहा जाता है, कि उनमें ऐसे साहित्य का नितान्त अभाव है। शताब्दियों तक जब हमारी भाषाएँ जिन बातों के लिए वंचित कर दी गई थीं, उनमें वह कैसे समृद्ध हो सकती थीं ? पर वस्तुतः ऐसी बात नहीं है। स्वतन्त्रता के बाद से हमारी शिक्षा में हमारी भाषाओं को अधिकाधिक स्थान ग्रहण करने का मौक़ा मिला। परीक्षा बोर्डों और युनिवर्सिटी के खुर्राट कर्णधारों के विरोध रहते भी हमारी भाषाएँ शिक्षा का माध्यम बनने लगीं। आज हिन्दी क्षेत्र की युनिवर्सिटियों में कला की सभी पुस्तकें हिन्दी में पढ़ाई जाती हैं, विद्यार्थी उसी में परीक्षा देते हैं। यही क्यों

साइंस की बी.एस-सी. की पाठ्य-पुस्तकें भी कितने विषयों पर हिन्दी में मिलती हैं। कुछ दिनों पहले साइंस पर हिन्दी की पुस्तकों की जो प्रदर्शनी दिल्ली में हुई थी, उसने बता दिया कि हिन्दी में साइंस की पुस्तकों की संख्या हज़ारों तक पहुँच गई है। यह तब जबकि हमारे बूढ़े शिक्षा विशेषज्ञों का उसे पूरे विरोध का सामना करना पड़ रहा है। यह आश्चर्य की बात है कि जहाँ साइंस में नवीनतम विद्वान का मान .ज्यादा होना चाहिए, वहाँ हमारे यहाँ खूसटों का मान ज़्यादा है। हमारे प्राचीन वैयाकरण तक नवीनतम आचार्यों को सर्वोपरि प्रमाण (यथोत्तरं मुनीनां प्रामाण्यं) मानते थे। सचमुच पुरानी पीढ़ी यदि हट जाए, तो रास्ते के बहुत से रोड़े निकल जाएँ। इसमें क्या तुक है, कि उत्तर प्रदेशों के कई हज़ार तरुण हर साल इसलिए फेल कर दिए जाएँ कि वह केवल अंग्रेज़ी में फेल हैं। यदि इस पर तरुण कोई कड़ा क़दम उठाएँ तो उन्हें अनुशासनहीन, ढीठ, अपराधी वृत्ति का कहकर दंडित किया जाए। अंग्रेज़ी के स्तर के गिरने की बात कहकर हमारे सठियाए शिक्षा कर्णधार चाहे कितनी ही हाय-तोबा मचाएँ, पर उलटी गंगा नहीं बहाई जा सकती। चाहे नेहरूजी अपने जीवन से आगे तक के लिए अंग्रेज़ी का सिंहासन क़ायम रखना चाहें, पर नई पीढ़ी उसे मानने के लिए तैयार नहीं हो सकती।

डेढ़-डेढ़ लाख शब्दों की धनी हमारी भाषाएँ विचारों को प्रकट करने में दरिद्र नहीं हैं। परिभाषाओं की कमी केवल हमारी ही भाषाओं में ही नहीं है। अंग्रेज़ी भी उस दोष से मुक्त नहीं। साइंस में इसलिए हज़ारों शब्द हर साल गढ़ने पड़ते हैं। सोवियत विज्ञान अकादमी का तो परिभाषाओं के लिए एक अलग विभाग है। सभी ज्ञान-विज्ञान के पारिभाषिक शब्दों का बनाना बहुत मुश्किल काम नहीं है, न वह एक जन्म का काम है। भाषा विशेषज्ञ और साइंस विशेषज्ञ मिलकर चार-पाँच वर्षों में इस काम को अच्छी तरह कर सकते हैं। मुझको इसका तजुर्बा है। हम एक ही वर्ष इस काम को कर सके, पर इतने ही में शासन शब्दकोश, प्रत्यक्षशरीर कोश, जीव रसायन, चिकित्साशास्त्र, भूतत्त्वविज्ञान आदि के आठ हज़ार से अधिक शब्द तैयार हो गए। अपने-अपने विषयों के विशेषज्ञ खुलकर सहायता दे रहे थे। कुछ ऐसे भी विद्वान थे, जो सच्चे महामंडूक की तरह समझते थे कि दुनिया में साइंस की भाषा केवल इंग्लिश है, फ्रेंच,

जर्मन, रूसी, जापानी आदि भाषाएँ सिर्फ़ घास छीलने के लिए हैं। ऐसे लोगों के लिए क्या कहा जाए ? हमें अफ़सोस है कि सम्मेलन की ओर से किया जाता काम 1949 से आगे नहीं बढ़ सका, नहीं तो 1954-55 तक प्रायः सभी परिभाषाएँ अपने प्रथम रूप में प्रकाशित हो गई होतीं। आज भी हमारा केन्द्रीय मन्त्रालय उस काम में हाथ लगाए हुए है, पर उसकी गति बड़ी मन्द है। पिछले आठ वर्षों में मुश्किल से 20-25 हज़ार शब्द निश्चित रूप से बनाए गए हैं। एक-एक शब्द पर हज़ारों रुपए और कितने ही दिन ख़र्च किए जा रहे हैं। इससे तो इस शताब्दी के अन्त तक भी हम स्वावलम्बी नहीं हो सकेंगे।

हमारी नीति भी जल्दी की नहीं थी। विशेषज्ञों से हम उनके विषय के सारे शब्द माँगते थे। कोशों से भी शब्द चुन लेते थे। विशेषज्ञ जिन परिभाषाओं के शब्द स्वयं देते थे, उन्हें भी लेते। फिर अवशिष्ट परिभाषाओं को हम लोग यह ध्यान रखते हुए बनाते थे–(1) चाहे किसी भी भाषा की परिभाषा जो जनसाधारण की जिह्वा पर पहुँच गई थी, उसे स्वीकार कर लेना चाहिए। हम रेडियो, रेल, इंजन, टेलीफ़ोन का बहिष्कार करना नहीं पसन्द करते थे। (2) नए पारिभाषिक शब्दों को ज्ञात शब्दों और धातुओं से बनाया जाए। संस्कृत के दो हज़ार के क़रीब धातुओं, दो दर्जन उपसर्गों, और दो-ढाई सौ प्रत्ययों के हर संभव जोड़-घटाव से बनाने की कोशिश नहीं करनी चाहिए। (3) हमारी परिभाषाएँ हमारी सारी भाषाओं के लिए एक-सी होनी चाहिए। हिन्दी, असमिया, बँगला, उड़िया, तेलुगु, तमिल, मलयालम, कन्नड़, मराठी, गुजराती, नेपाली आदि सभी भाषाओं के पारिभाषिक शब्द एक से बनते रहे हैं। रेखा, केन्द्र, वृत्त, भिन्न, बीजगणित, ज्यामिति, पंचमहाभूत, आत्मा, परमात्मा, प्रकृति, प्रधान, पुरुष, अक्षांश, देशान्तर, आदि हज़ारों पारिभाषिक शब्द एक से ही हमारी भाषाओं में प्रचलित हैं। वही आज के पाँच लाख पारिभाषिक शब्दों के बारे में भी करना है।

इस प्रकार हमारा काम केवल हिन्दी को परिभाषाओं से समृद्ध नहीं करना है, बल्कि भारत की सभी भाषाओं को एक स्तर पर लाना है। हमारा काम इसी दृष्टि से चल रहा था। विशेषज्ञ सम्पादकों में एक बंगभाषी प्रतिभाशाली विद्वान थे जो साइंस के पंडित होने के

साथ रूसी, जर्मन आदि कई भाषाओं के विद्वान थे। दूसरे अर्थशास्त्र, राजनीति के महापंडित होते हुए भी जर्मन और संस्कृत पर मातृभाषा की तरह अधिकार रखते थे। भिन्न-भिन्न विश्वविद्यालयों के विशेषज्ञ अध्यापक निःस्वार्थ भाव से सहायता कर रहे थे।

परिभाषाओं का निर्माण समृद्ध भाषावाले देशों को भी करना पड़ता है, और पिछड़े-अर्धपिछड़े देशों को भी। सारी दुनिया में माना जाता है कि ज्ञान-विज्ञान को जल्दी हृदयंगम करने का माध्यम अपनी मातृभाषा होती है। हमारे यहाँ के बूढ़ों की बात मत कीजिए। उनके लिए तो केवल अंग्रेज़ी साइंस की भाषा है। रामन से पूछिए या कृष्णन से, बोस से पूछिए या शाहा से सभी अंग्रेज़ी के बिना लुटिया डूबने की धमकी देंगे। पर ऐसा होता, तो फ्रेंच, जर्मन, रूसी या जापानी भाषावाले साइंस के नोबुल प्राइज़ विजेता न होते।

विदेशी भाषाओं के अध्ययन को कोई बाइकाट करने को नहीं कहता। साइंस के विद्यार्थियों के लिए तो यह और आवश्यक है कि पश्चिम की तीन समृद्ध भाषाओं में एक या अधिक का काम चलाऊ ज्ञान रखें—हाँ, उन पर अधिकार प्राप्त करने के लिए समय बर्बाद न करें। साइंस में हर साल नहीं हर मास, प्रतिदिन नई-नई बातें निकलती रहती हैं। उनका प्रकाशन सबसे पहले साइंस की पत्रिकाओं में होता है। उनकी गतिविधि से अपरिचित पुरुष शोधित विषयों पर शोध करने लगेगा। रूस, अमेरिका आदि देशों में इस कठिनाई को दूर करने के लिए अनुवाद-विभाग संगठित हैं।

हमारी भाषाओं में बहुत-से विषयों के ग्रन्थ नहीं हैं। हम इसके लिए चीन से शिक्षा ले सकते हैं। उसकी भी स्थिति कुछ ही वर्षों पहले हमारी भाषाओं ही जैसी थी। चीन में सारे साइंस और प्राविधिक ज्ञान, चीनी भाषा ही द्वारा पढ़ाए जाते हैं। साधारण स्नातकोत्तर (पोस्टग्रेजुएट) विषय ही नहीं बल्कि परमाणु-नाभि, इलेक्ट्रोनिक आदि के विषय भी। यदि इसके लिए वह सोवियत विशेषज्ञ की सेवा से लाभ उठाना चाहते हैं, तो सारी क्लास को रूसी सिखलाने की जगह एक दुभाषिए द्वारा यह काम लेते हैं। हरेक शिक्षण-संस्था में अनुवाद-ब्यूरो होता है, जो एक महीने के भीतर 500 पृष्ठ के बड़े पोथे को अनुवाद कर साइक्लोस्टाइल पर यथेच्छ संख्या में कापियाँ दे देता है। हम भी वैसा कर सकते हैं।

एक आक्षेप किया जाता है, कि हमारी भाषाएँ यदि उच्च शिक्षा का माध्यम हो जाएँगी, तो हमारे साइंस के विद्वानों के बीच में दीवार खड़ी हो जाएगी। उनके ज्ञान से सारा देश लाभ नहीं उठा सकेगा। हमारी साइंस कांग्रेस भाषाओं की गड़बड़ी के कारण नहीं हो सकेगी, और न विचारों का विनिमय हो सकेगा। यह शंका भी निराधार है। हमारे सारे देश के लिए एक तरह की ही परिभाषाएँ बन रही हैं। वह एकता में बड़ी सहायक होंगी। इन परिभाषाओं के साथ हिन्दी का कामचलाऊ ज्ञान सारे भारत के लिए उपयोगी सिद्ध होगा।

मसूरी, 22-8-59

हिन्दी परिभाषाओं का निर्माण

भाषा के तौर पर हिन्दी विश्व की किसी भाषा से कम नहीं है। विदेशी शासन की बाधा ने उसे शिक्षा का माध्यम नहीं होने दिया, जिससे उसमें परिभाषाएँ नहीं बन सकीं। परिभाषाओं में विश्व की कोई भाषा पूर्ण नहीं है, तभी तो सभी भाषाओं ने परिभाषाओं के निर्माण के लिए समिति और संगठन बना रखे हैं। हर साल बल्कि हर रोज़ विज्ञान में नए अनुसंधान, नए आविष्कार हो रहे हैं। हर नई चीज़ के लिए नए शब्द की आवश्यकता होती है। निश्चित शब्द के गढ़ने के लिए वहाँ आविष्कार भी तैयार हैं, और परिभाषा विशेषज्ञ भी। इस प्रकार रूसी, अंग्रेज़ी, फ्रेंच और जर्मनी को नए प्रयोग के लिए तैयार रखा जाता है। हमें तो दो काम करने हैं—शताब्दियों की कमियों को, और रोज़-बरोज़ की आवश्यकताओं को पूरा करना। अभी तक जिस तरह इसके बारे में काम हुआ, वह प्रशंसनीय है, पर वह नितान्त

अपर्याप्त है। सभी ज्ञान-विज्ञान के लिए 6 लाख से भी अधिक परिभाषाओं की तत्काल आवश्यकता है। औषध निर्माण, जीव-विज्ञान, वनस्पति-विज्ञान में से एक-एक के लिए आध-आध लाख परिभाषाएँ चाहिए, इसी से परिभाषाओं के परिमाण का पता लगेगा।

हिन्दी साहित्य सम्मेलन ने 1949 में इस काम को हाथ में लिया था। मुझे उसका तजुर्बा है, जिसके आधार पर, विश्वास हो गया था, कि यह काम तीन वर्ष में—1953 तक पूरा किया जा सकता है। हमारे विज्ञानवेत्ता ज़रूर विश्वास रखते थे और शायद अब भी रखते हैं, कि विज्ञान के लिए अंग्रेज़ी का माध्यम अनिवार्य है। उनको तो काल ही मनवा सकता है—इस जन्म में, या विश्वास हो तो परजन्म में। पर, अपने-अपने विषय के सफल अध्यापक परिभाषा-निर्माण में हमें खुलकर मदद दे रहे थे, और बिल्कुल निःस्वार्थ भाव से। हम शासन शब्दकोश, प्रत्यक्ष-शरीर, जीवरसायन, आदि थोड़े ही कोश निकाल सके। काम आगे न बढ़ने में एक कारण यह भी था, कि भारत सरकार के शिक्षा-विभाग ने इस काम को करना चाहा। पर, उस समय के काम से यही मालूम हुआ, कि यह रोड़ा अटकाने के लिए ही किया जा रहा है। यदि ऐसे आवश्यक काम को आप 2000 ई. तक पूरा करना चाहें, तो उसका कोई दूसरा अर्थ नहीं हो सकता।

हिन्दी को अपना पूरा स्थान लेने में 5 ही साल और बाक़ी रहते हैं, जिसे आगे बढ़ाया जा रहा है, पर जहाँ तक परिभाषाओं का सम्बन्ध है, उन्हें हमें आगे के लिए लटकाना नहीं चाहिए। इससे विद्यार्थियों का महाअनिष्ट होगा। पुराने अंग्रेज़ी के माध्यम से पढ़े अध्यापकों की कठिनाइयों को हमें नहीं देखना चाहिए। उनके लिए भी कठिनाई नहीं है, यदि अभी परिभाषाओं के साथ फुटनोट में या वहीं अंग्रेज़ी परिभाषा भी दे दी जाए। बूढ़े भले ही झींखें, बावेला मचाएँ, अंग्रेज़ी के स्टैंडर्ड को ऊँचा उठाने के लिए धमकी दें, पर काल से वह नहीं लड़ सकते। उलटी चक्की चलाने के लिए अर्थात् अंग्रेज़ी के 20 वर्ष के पहले के स्टैंडर्ड को लाने के लिए किसी के पास न साधन है, न शक्ति। भवितव्यता के सामने सिर झुकाना ही अच्छा है।

हमारे केन्द्रीय शिक्षा मन्त्रालय की बागडोर अब डॉक्टर श्रीमाली के हाथ में है जो एक राष्ट्रीय शिक्षणालय को बहुत वर्षों से चलाते रहे हैं—वह समय और आज के विद्यार्थियों से भी भली भाँति

परिचित हैं। यह काम देर करने का नहीं है। देर काफ़ी हो चुकी है। मेरे सामने शिक्षा मन्त्रालय की ओर से छपी 35 पुस्तकें हैं, कम-से-कम 20 पुस्तकें और छप चुकी हैं। और बहुत से शब्द और भी तैयार होंगे।

पारिभाषिक शब्दों के निर्माण में हमें मध्यम मार्ग को स्वीकार करना है, हमारे देश में दो हज़ार वर्षों से यही होता आया है। ज्ञात धातुओं या शब्दों से ही हम नए पारिभाषिक शब्द बनाते रहे हैं। कभी-कभी विदेशी शब्दों के अपनाने में भी हिचकिचाते नहीं रहे, होरा और केन्द्र जैसे ग्रीक शब्द इसके उदाहरण हैं पर वह मात्रा ही में लिए जा सकते हैं, ऐसा नहीं कि भाषा उसे हज़म न कर सके। यह भी ख़याल रखना है, कि हमारी परिभाषाएँ केवल हिन्दी के लिए नहीं हैं, और न केवल भारत के लिए। वह भारत की सारी भाषाओं के लिए बनाई जा रही हैं। एकाध शब्द स्थानीय सुविधा के भी रखे जा सकते हैं, जैसा कि संविधान के अनुवाद के समय किया गया। हिन्दी के भी बहुप्रचलित ऐसे शब्द लिए जा सकते हैं, जो तत्सम या तद्भव नहीं हैं, पर उनकी संख्या अल्प रखनी होगी, और उनके लिए भी तत्सम विकल्प रूप में रखना होगा, ताकि हिन्दी अपरिचित शब्दों की जगह हमारी राष्ट्रीय भाषाएँ उपयुक्त शब्दों के पाने में कठिनाई न अनुभव करें।

हमारे शब्द भारत से बाहर के लिए भी बन रहे हैं, ख़ासकर वे देश जिनका हमसे घनिष्ठ सांस्कृतिक सम्बन्ध है। यहाँ मैं उस देश का उदाहरण दे रहा हूँ जहाँ बैठकर इन पंक्तियों को लिख रहा हूँ। अपने रोज़-बरोज़ के कामों में हमारे सिंहल बन्धुओं को भारत की ओर देखना पड़ता है। एक ओर ये मद्रास से भी अधिक अंग्रेज़ी पसन्द हो गए थे। बौद्ध होते भी अधिकांश के वैयक्तिक या वांशिक नाम यूरोपियन होते हैं। अभी-अभी थोड़ा परिवर्तन होने लगा है। यहाँ बाबू इंग्लिश को कोई नहीं पसन्द करेगा। इतने कैथोलिक स्कूल और कान्वेन्ट हैं, जो शुद्ध अंग्रेज़ी की शिक्षा बहुत भारी संख्या को देते हैं। पर, शिक्षा पर उनका एकाधिकार कम हो रहा है। दूसरे स्कूल सिंहल भाषा पर वैसा ही ज़ोर दे रहे हैं, जैसे हमारे यहाँ अपनी भाषा पर। यहाँ के बौद्ध विहार राष्ट्रीय शिक्षा के केन्द्र थे, वहाँ से पाली और सिंहल दोनों के गम्भीर विद्वान पैदा होते थे, पर अंग्रेज़ों और अंग्रेज़ी

राज्य में उनकी क़दर नहीं थी, जैसे हमारे यहाँ संस्कृत के दिग्गज विद्वानों की। अब सिंहल स्वतन्त्र है। यहाँ की भारी जनसंख्या बौद्ध है। भिक्षुओं का जनता पर इतना प्रभाव है कि हरेक राजनीतिक दल भिक्षुओं को भोज-दान और देशना से अपना निर्वाचन कार्य आरम्भ करता है। सत्तारूढ़ पार्टी ने उतने भिक्षुओं को भोज दिया, जितने उम्मीदवार चुनाव के लिए खड़े किए गए। वीरगति प्राप्त भंडारनायक की पार्टी ने भी भिक्षुओं के आशीर्वाद के साथ चुनाव का श्रीगणेश किया। विहारों की सेवा का ख़याल करके पौन सदी से उच्च शिक्षा के लिए प्रसिद्ध दो विहारों को विश्वविद्यालय बना दिया गया। सिंहल में यूनिवर्सिटी तक शिक्षा निःशुल्क है, छात्र बिना टिकट के बसों में जा सकते हैं। विद्योदय और विद्यालंकार दोनों विश्वविद्यालयों का सारा ख़र्च सरकार उठाती है। उन्होंने अभी सारे विभाग नहीं खोले हैं, पर खोलना उनके अधिकार में है। गणित, इतिहास, अर्थ-शास्त्र, राजनीति, भूगोल, पाली, संस्कृत, हिन्दी, दर्शन विभाग चल रहे हैं। अभी साल भर भी नहीं हुआ है। जगह और मकान बढ़ाने की योजना बनी है, जिसके पूरा होते ही विभागों और छात्रों की संख्या बहुत बढ़ जाएगी।

यहाँ भी अंग्रेज़ी स्टैंडर्ड के नीचे होने की शिकायत करनेवालों का अभाव नहीं है, पर अब वह अरण्यरोदन हो गया है। 'स्वभाषा' के नारे के सामने किसी की नहीं चलती। हमारे विद्यालंकार विश्वविद्यालय के सीनेट की बैठक होती है, उसके सदस्यों में सिंहल विश्वविद्यालय के वाइसचांसलर, तथा कितने ही उच्च पदस्थ सी.सी. एस. (हमारे यहाँ के आई.सी.एस.) हैं। पर सारी बैठकों में कोई अंग्रेज़ी नहीं बोलता, कभी-कभी रजिस्ट्रार डॉक्टर राय और मेरे लिए अंग्रेज़ी में बतला देते हैं। विद्यार्थियों में अंग्रेज़ी जाननेवालों की संख्या बहुत कम है। हमारे दर्शन के प्रथम वर्ष में केवल एक विद्यार्थी अंग्रेज़ी जानता है, बाक़ी 7-8 शायद ए.बी.सी.डी. जानते हों। विश्वविद्यालय ने शिक्षा का माध्यम सिंहल स्वीकार किया है। मेरे सहायक सिंहलभाषी हैं, पश्चिमी दर्शन अभी प्रथम वर्ष ही है—वह पढ़ाते हैं। मुझे भारतीय—बौद्ध दर्शन सहित—पढ़ना था। माध्यम का सवाल आया। अंग्रेज़ी स्वीकार करने पर सिर्फ़ एक छात्र कुछ समझता था। संस्कृत को भी सब नहीं समझ सकते थे, पर सिंहली संस्कृत वंश की

भाषा है, अधिकांश छात्र पाली जानते हैं, जो संस्कृत से बहुत कम अन्तर रखती है। जब दुभाषिए की सहायता से ही पढ़ाना है, तो संस्कृत को ही क्यों न माध्यम बनाया जाए। मैं संस्कृत के माध्मय से पढ़ाता हूँ, एक विभाग के डीन तथा बनारस में न्यायशास्त्री में पढ़े आचार्य प्रज्ञाकीर्ति सिंहल में अनुवाद करते जाते हैं। जहाँ तक भारतीय दर्शन का सम्बन्ध है, हमें परिभाषा की दिक़्क़त नहीं है, पर हमारे सहायक को दिक़्क़त पड़ रही है। हम कुछ शब्द गढ़ते हैं, पर हमें ऐसे शब्दों की आवश्यकता है, जो सब जगह चलते हों। दर्शन, मनोविज्ञान और तर्क ही में नहीं, बल्कि और विषयों में भी। हमारे सामने जो पुस्तकें हैं, उनमें कितने ही विषयों के शब्द नहीं हैं, जो हैं भी, वह एफ.ए. से आगे नहीं बढ़ते। इससे मालूम होगा कि हमारे परिभाषा निर्माण पर सिंहल, बर्मा, स्याम (थाईभूमि), कंबोज, और लाव तक की आँखें गड़ी हैं।

जो परिभाषा-सम्बन्धी पुस्तिकाएँ हमारे सामने हैं, वह अपने विषय के अधिकारी विद्वानों द्वारा सम्पादित की गई हैं। उदाहरणार्थ बैंक और अर्थशास्त्र के कुछ भागों के सम्पादक डॉक्टर ज्ञानचन्द हैं, प्रागैतिहास की परिभाषाओं का सम्पादन डॉ. सूर्यकान्त ने किया है, प्राणिविज्ञान का डॉ. बेनी प्रसाद ने। क़ानून की पुस्तिका के सम्पादक श्री शंकर शरण हैं। प्रतिरक्षा सम्बन्धी सातवीं पुस्तिका के सम्पादक मेजर ओंकार सिंह पठानिया हैं। इससे मालूम होगा, सम्पादन कार्य अधिकारी विद्वानों के हाथ में है।

शब्दों के चुनने में बहुत सावधानी रखी गई है, इसमें सन्देह नहीं है। पर कहीं-कहीं व्यापक दृष्टि का पूरा प्रयोग नहीं किया गया है। उदाहरणार्थ रक्षा विभाग की सातवीं पुस्तिका को ले लीजिए। इसमें अच्छे शब्द चुने गए हैं। उपभवन—ख, सहायक नौ सैनिक भंडार, प्रयोग वस्तु, मूल वर्ग, दिशा-अभिलेखन, सावधान आदि शब्द रखे गए हैं। पर, साथ ही जहाज कार्मिक आवास, आवास-दफ़्तर, गोला-बारूद अनुभाग, मलेरिया रोक भंडार, बॉयलर ख़ाना, दैनिक हाजरी जैसे शब्द भी भारी परिमाण में रखे गए हैं। इन शब्दों को अनुचित नहीं कहा जा सकता, और इसमें भी सन्देह नहीं, कि सेना में ऐसे शब्दों का प्रयोग हो रहा होगा। ऐसे शब्दों के बारे में इतना ही कहना है, कि इनके साथ विकल्प रूप में तत्सम शब्द भी रखने

चाहिए, तब हमारे शब्द वृहत्तर भारत के बन्धुओं के भी काम के हो जाएँगे। हमारे यहाँ रेलवे प्लेटफ़ार्म के लिए वेदी कहना उपहासास्पद समझा जाएगा, पर सिंहल में अब वही पुकारा जाता है। हमारे परिभाषा बनानेवालों को समझना चाहिए, कि वह सिंहल जैसी भाषाओं के लिए भी काम कर रहे हैं। उनका कुछ नहीं बिगड़ता, यदि विकल्प रूप में हरेक अ-संस्कृत शब्द का तत्सम विकल्प भी दे दिया जाए।

अधिकांश पुस्तिकाओं मे उनके हिन्दी नाम देने की आवश्यकता नहीं समझी गई, जो बतलाता है, कि हिन्दी के महत्त्व को समझने की ज़रूरत नहीं। यह बात इससे भी सिद्ध होती है, कि पुस्तिका के एक तिहाई अंश में परिभाषाओं को रोमन में लिखा गया है। इतने काग़ज़ को बरबाद करने की क्या आवश्यकता ? चप्पू, हलिस से शुद्ध उच्चारण नहीं होगा, इसलिए पाठकों पर अनुग्रह करते हुए Chappu, halis भी छापा गया है। इन पुस्तिकाओं का जो लोग उपयोग करेंगे, वे सारे नागरी अक्षर के जानकार होंगे। जो जानकार नहीं, उनके लिए ये परिभाषाएँ किसी काम की नहीं। इसमें भी अंग्रेज़ी की हिमायत काम कर रही है, अर्थात् हिन्दी की अवहेलना। हो सकता है, परिभाषा के विधाताओं में कुछ 'सरकारी ड्यूटी' के ख़याल से काम कर रहे हों।

यह समझ लेना चाहिए, कि हम हिन्दी पर अनुग्रह करके परिभाषाएँ नहीं बना रहे हैं। यह परिभाषाएँ हिन्दी की नहीं सारी भारतीय भाषाओं की हैं। परिभाषाओं के अन्तिम रूप को निश्चित करने में भारत की सभी भाषाओं का हाथ होना चाहिए, जैसा कि संविधान की परिभाषाओं के बनाने के समय किया गया था। इसके बिना इनकी एकांगिता दूर नहीं की जा सकती। हिन्दी किसी के अनुग्रह से भारत की सम्मिलित राष्ट्रीय भाषा नहीं हुई, न वह उस स्थान पर सिर्फ़ दया के बल पर रह सकती है, न वह भारत की और भाषाओं को अपने स्थान से वंचित करके रहना चाहती है। वंचित करना तो दूर, इन परिभाषाओं द्वारा उन्हें सर्वक्षमता-सम्पन्न बनाने जा रही है। इन परिभाषाओं से जितना हिन्दी आगे बढ़े, उसी मात्रा में असमिया, उड़िया, तेलुगु, मलयालम को भी बढ़ना है। इसके लिए भी हरेक परिभाषा का तत्सम रूप अवश्य होना चाहिए।

अन्तिम बात कहनी है, हमारे लिए समय का बहुत मूल्य है।

परिभाषाएँ दो-तीन वर्षों में बन जानी, छप जानी चाहिए। कितनी ही सोच-समझकर, देर लगाकर बनाई जाएँ, और छापें भी कि 'यह अन्तिम है', तो भी वह अन्तिम नहीं होंगी। अभी कितने ही वर्षों तक परिवर्तन की गुंजाइश रहेगी। ऐसी परिभाषाओं के अभाव में पुस्तक लिखनेवाले स्वतन्त्र परिभाषाएँ गढ़ रहे हैं, जिससे पारिभाषिक एकता टूटती है। यह भी करना है, कि यह परिभाषाएँ सभी के लिए सभी जगह सुलभ हों। आज तो प्रयत्न करने पर ही वह हाथ लगती हैं। इनका दाम नाममात्र हो, तो प्रचार में आसानी होगी, साथ ही यदि हरेक डिग्री कॉलेज में मूल्य से या बेमूल्य से इनका रहना अनिवार्य कर दिया जाए, तो इनके लेखक पूरा लाभ उठा सकेंगे।

हर हालत में 1965 तक सारी परिभाषाएँ बनकर छप जानी चाहिए। यह तभी हो सकता है, जबकि इनके लिए एक विभाग शिक्षा मन्त्रालय क़ायम करे, और तरुणों को आगे आने का मौक़ा दें।

आजकल (मासिक), सितम्बर, 1960

हिन्दी के विभीषण

'क़ाज़ीजी दुबले शहर के अंदेशे' की कहावत हम हिन्दीवालों पर पूरी तौर से घटती है। हमें अपने घर की परवाह नहीं, और दूसरों को नसीहत देने चलते हैं। चाहिए तो यह था, कि पहले घर में चिराग बालकर मस्ज़िद में बालने चलते। लेकिन, हम मस्ज़िद को रोशन करने की चिन्ता में मर जाते हैं। नतीज़ा उसका यह होना ही है, कि 'माया मिली न राम।'

उस दिन बिहार सरकार ने प्रस्ताव पास करवाया कि पहले की यानी सात वर्ष की अवधि तीन वर्ष के लिए और बढ़ा दी जाए। सात वर्ष में बिहार सरकार अपने काम-काज को हिन्दी में लाने में असमर्थ रही। बिहार में हिन्दी का पक्ष हमेशा मज़बूत समझा जाता रहा, लेकिन इस प्रस्ताव ने बतला दिया, कि चिराग तले अँधेरा है। जैसे सात वर्ष की मियाद तीन वर्ष के लिए और टाली जा सकती है, वैसे ही

फिर तीन वर्ष की मुहलत माँगी जा सकती है। यह निश्चय ही है, कि पुराने नौकरशाह कभी हिन्दी को फूटी आँखों भी फलते-फूलते नहीं देखना चाहते। उनमें से 45 वर्ष से ऊपर के हैं, अर्थात् जिन्होंने 1920-25 ई. के बीच विश्वविद्यालय छोड़ा, वह तो उम्र की मजबूरी बतला सकते हैं। हालाँकि उम्र की मजबूरी कोई नहीं। सभी गज़टेड न्याय-विभाग के अफ़सर अपने फ़ैसलों को स्टेनोग्राफ़र द्वारा डिक्टेट कराते हैं। हिन्दी उनकी भाषा है। परिभाषा को अंग्रेज़ी में रखकर वह फ़ैसला बोल सकते हैं। हाईकोर्ट के जजों के लिए भी यह बात सम्भव है। अंग्रेज़ी परिभाषा को हिन्दी में करके वही स्टेनोग्राफ़र हिन्दी में टाइप कर सकता है। इसमें हमारे साहेब बहादुर को नई परिभाषाओं के रटने की ज़रूरत नहीं है। लेकिन, जब मन हो, तब न ? एक यह भी डर है कि रटी-रटाई शब्दावलियों को छोड़कर नई शब्दावलियों में हुकुम या फ़ैसला लिखवाने से भाषा कमज़ोर हो जाएगी और साहेब बहादुर की पोल खुल जाएगी। पर, पोल तो अब भी खुलती है, क्योंकि सौ में बीस को छोड़कर बाक़ी सभी ग़लत-सलत अंग्रेज़ी बोलने-लिखने में उस्ताद हैं।

पुराने साहेब बहादुरों की चिन्ता अपने ही तक होती, तो एक बात थी। पर, उन्हें अपनी अगली पीढ़ी का ख़याल है। इसीलिए तो वह अपने लड़कों को यूरोपियन या अर्ध-यूरोपियन स्कूलों में पढ़ाते हैं, ताकि अंग्रेज़ी मज़बूत हो। बिहार जैसे कुछ प्रान्तों में, जहाँ देहरादून के पब्लिक स्कूल जैसी कोई शिक्षण-संस्था नहीं थी, तो उन्होंने हाल में अपने पब्लिक स्कूल खोले। वहाँ ख़र्च दोगुना-चौगुना पड़ता है। पर, माँ-बाप जानते हैं, कि इसके कारण लड़कों को नौकरी की होड़ में सफल होने की पूरी संभावना है। केन्द्रीय शिक्षा मन्त्रालय ने सूचना दी है, कि पब्लिक स्कूलों को सरकार मदद देने नहीं जा रही है। पर, इससे उनका क्या बिगड़ता है ? मकान और दूसरे एकमुश्त के ख़र्चवाले सामान इस शताब्दी भर के लिए बने ही हैं। सवाल रोज़-रोज़ के ख़र्च का है। यदि विद्यार्थियों की फ़ीस पचास रुपये मासिक बढ़ा दी जाए, तो काम चल जाएगा। लेकिन शिक्षा मन्त्रालय की सूचना कोई ब्रह्मवाक्य नहीं है। पब्लिक स्कूलों में जिनके लड़के पढ़ते हैं, उनकी पहुँच जगदीश्वर तक है। कोई-न-कोई रास्ता सहायता देने का निकल ही आएगा। शिक्षा सम्बन्धी अनुदान नहीं, तो

सांस्कृतिक अनुदान, सैनिक अनुदान, कला सम्बन्धी अनुदान या और कोई। जब तक सरकारी नौकरियों में—विशेषकर केन्द्रीय नौकरियों में—अंग्रेज़ी का पूरी तौर से बोलबाला है और भाग्यविधाता देव-महादेव अपनी अगली पौधों को इन्हीं शिक्षणालयों में पढ़ने के लिए भेज रहे हैं, तब तक अंग्रेज़ी को बुरे दिनों के देखने की संभावना नहीं है।

जो इतनी मेहनत और ख़र्च करके अंग्रेज़ी पढ़ते हैं, वह हिन्दी को क्यों पसन्द करने लगे ? ऊँची नौकरियों की प्रतियोगिता के लिए हिन्दी या प्रादेशिक भाषाओं के माध्यम मान लेने पर सब धान बाईस पसेरी हो जाएगा। कान्वेन्ट की घुट्टी पीनेवालों, यूरोपियन स्कूलों में पढ़नेवाले लड़कों के पास प्रतिभा की इज़ारेदारी है, यह कोई नहीं मानेगा। हिन्दी में प्रतियोगिता होने पर उनके लिए सफलता अत्यन्त संदिग्ध हो जाएगी। इसीलिए उनके माता-पिता, जिनमें देव-महादेव से लेकर बड़े-बड़े नौकरशाह तक शामिल हैं, कभी पसन्द नहीं कर सकते, कि अंग्रेज़ी हटे।

नौकरशाहों और ऐसी श्रेणी के लोगों की मनोवृत्ति सभी जगह एक है। जो हिन्दी का विरोध करते हैं, वह बंगाल में बँगला के भी पक्ष में नहीं हैं, उड़िया या अपनी दूसरी मातृभाषाओं के समर्थक भी नहीं हैं। यह हाल में 'सरस्वती' में प्रकाशित प्रादेशिक विधान परिषद् में अंग्रेज़ी में बोलनेवालों के आँकड़ों से मालूम होता है। बंगाल की विधान परिषद में कोई सदस्य बंगाली छोड़कर अंग्रेज़ी में बोले, इसकी क्या तुक है ? और क्या ऐसे बोलनेवालों से यह आशा हो सकती है, कि वह बंगाल में ग्राम-पंचायतों से लेकर हाईकोर्ट तक, प्राइमरी पाठशालाओं से लेकर विश्वविद्यालय तक बँगला को माध्यम होने देंगे। अंग्रेज़ी के समर्थक सिर्फ़ हिन्दी के विरोधी नहीं हैं। वह सभी भाषाओं के विरोधी हैं। ऊपर से कहते हैं, हिन्दी अगर केन्द्रीय सेवाओं की प्रतियोगिता के लिए माध्यम मान ली जाएगी, तो सरकारी नौकरियों में हिन्दीवाले भर जाएँगे और दूसरों को मौक़ा नहीं मिलेगा। कौन कहता है, कि केवल हिन्दी को माध्यम माना जाए ? हिन्दीवालों के लिए हिन्दी माध्यम रखिए, बँगलावालों के लिए बँगला माध्यम रखिए। दूसरी भाषावालों के लिए भी इसी तरह अपनी-अपनी भाषा को माध्यम रखिए। तब हिन्दीवालों के बाज़ी मार ले जाने का कहाँ सवाल है। भाषा भाषियों की संख्या के अनुसार नौकरियों का

प्रतिशत मुक़र्रर कर दीजिए। फिर हिन्दीवालों की शिकायत करने की कहाँ गुंजाइश रह जाएगी ? 'न नौ मन तेल होगा, न राधा नाचेगी' वाली बात न कीजिए।

जहाँ तक अहिन्दी प्रान्तों का सवाल है, प्रतियोगिता में उनको पीछे छोड़ हिन्दीवालों को विशेष फ़ायदा उठाने की न इच्छा है, और न वह यह करना चाहेंगे। अहिन्दी प्रान्त बहुत कम ही हैं, जो हिन्दी के विरोधी हैं। कुछ पुराने खूसट विचारोंवाले तो हर जगह मिलेंगे। हिन्दीवालों में भी उनका नितान्त अभाव नहीं है। हिन्दी के महान समर्थक समझे जानेवाले एक वृद्ध सज्जन ने भाषा-आयोग की रिपोर्ट में जो अपना विरुद्ध विचार प्रकट किया है, वह बड़े शर्म की बात है। राजगोपालाचारी हिन्दी का विरोध करते हैं, तो इसमें उन्हें दोष देने की क्या ज़रूरत ? वैसे ही तमिलनाडु में ब्राह्मण दूध की मक्खी बन गए हैं। अगर राजगोपालाचारी छिप करके भी हिन्दी का समर्थन करें, तो इस बुढ़ापे में भी उन्हें क्या बक्शा जाएगा ? एक ही पुचारे से पोतते हुए सारे दक्षिण या पुराने मद्रास प्रान्त को हिन्दी-विरोधी बतला दिया जाता है, जो सरासर झूठ है। आन्ध्र के स्कूलों में हिन्दी बहुत जगह अनिवार्य है, और बाक़ी में भी अनिवार्य करने का निश्चय किया गया है। यही बात केरल के बारे में भी है। कर्नाटक को हिन्दी विरोधी कहना झूठी बात है। यदि विरोध है, तो केवल वहाँ जहाँ पुराना ब्राह्मण-अब्राह्मण का झगड़ा है। तीन प्रतिशत ब्राह्मण सहस्राब्दियों से सब तरह मौज मारते रहे, और 97 प्रतिशत जनता को दुनिया की लज्जतों से वंचित रखे रहे। इस तरह का असमान सामाजिक विकास हरेक देश में विस्फोट का कारण होता है।

यदि किसी एक प्रान्त में ऐसा भाव देखा जाए, तो उसको इजाज़त देनी चाहिए कि वह हिन्दी नहीं, अंग्रेज़ी को ही अपनी राज्यभाषा माने, या ऊपर पड़े। उसे सबका रास्ता छेकने का क्या अधिकार है ?

जब तक हिन्दीवालों का दिल बिलकुल साफ़ है, और वह वस्तुतः चाहते हैं, कि अपने-अपने प्रदेश में वहाँ की भाषा सर्वेसर्वा रहे, हिन्दी कोई दख़ल देने न जाए, तब तक हिन्दी का विरोध किया ही नहीं जा सकता। यही नहीं, हिन्दी को एक और फ़र्ज अदा करना है। वह है, सही अर्थों में अपने साथ प्रादेशिक भाषाओं को भी उच्च

शिक्षा और सारे ज्ञान-विज्ञान के माध्यम के योग्य बनाना। हमारी भाषाओं में कोई स्वाभाविक दोष नहीं है, जो कि वह इसके योग्य नहीं बन सकीं। अंग्रेज़ी की गुलामी की हमें क़ीमत अदा करनी पड़ी, जो कि हमारी भाषाएँ यथेष्ट विकसित नहीं हो सकीं। उनमें कमी केवल परिभाषा की है। यह हमारे देश का सौभाग्य है कि उत्तर हो या दक्षिण, पूर्व हो या पश्चिम, सारे भारत में तीन हज़ार वर्षों से एक ही परिभाषाएँ चलती रही हैं। तौलमान में स्थान-स्थान में भेद पाया जाता है, लेकिन जहाँ तक ज्योतिष, आयुर्वेद, वेदान्त, साहित्य, कला का सम्बन्ध है, सभी जगह एक ही तरह की परिभाषाएँ चलती रही हैं। और नए तौर से भी एक ही प्रकार की बनती रही हैं। हमारे नीम-हकीम, केन्द्र की जगह बिचबन्दी चलाना चाहते थे। उन्हें यह मालूम नहीं, कि हिमालय से रामेश्वर तक, आसाम से लेकर सौराष्ट्र तक 'केन्द्र' ही सर्वत्र प्रचलित है। वहाँ की प्राइमरी कक्षा के विद्यार्थी भी केन्द्र, परिधि, डमरुमध्य, द्वीप, प्रायद्वीप से भली प्रकार परिचित हैं इसका ही फल है कि भारत की हरेक भाषा के लिए परिभाषा बनाने में अलग-अलग मेहनत करने की आवश्यकता नहीं। पार्लियामेंट के लिए हिन्दी में संसद माना गया, तो यह हिन्दी तक ही सीमित नहीं रहा, बल्कि हमारी सारी भाषाओं का काम हो गया। संविधान में आठ सौ के क़रीब आई परिभाषाओं में एक-आध दर्जन को छोड़कर सभी भारत की सभी भाषाओं द्वारा स्वीकृत हुई हैं। इस प्रकार हिन्दी सभी के लिए परिभाषाओं का काम कर रही है। वह दूसरों को उनकी जगह पर छोड़कर आगे बढ़ना नहीं चाहती।

अहिन्दी प्रान्तों की भाषाओं के हक़ में हिन्दी कोई नाजायज़ दख़ल भी नहीं देती। वहाँ के लोगों को यह मालूम करने में देर नहीं होगी, कि हिन्दी भारत की सभी भाषाओं को अंग्रेज़ी से छीनकर उनका उचित हक़ दिलाने की लड़ाई लड़ रही है। लेकिन, हिन्दी के भीतर के कमली ओढ़े लोगों की तरफ़ हमारा ध्यान सबसे पहले जाना चाहिए। उस दिन तीन वर्ष के लिए हिन्दी को अयोग्य साबित करनेवाले बिहार सरकार के प्रस्ताव से मालूम हो गया, कि हमारे भीतर काली भेड़ों की काफ़ी संख्या है। मैं समझता हूँ, बिहार की विधान-परिषद के सदस्यों को यदि स्वतन्त्रतापूर्वक राय देने की छूट होती तो यह प्रस्ताव कभी पास नहीं हो सकता था। कांग्रेस के

धनी-धोरियों ने अनुशासन का भय दिखलाकर वह प्रस्ताव पास करवाया। ऐसी अनुशासन की कार्रवाई कभी युक्तियुक्त नहीं समझी जाती। लेकिन, हमें ख़याल रखना चाहिए, कि खूँटे के बल पर ही बछड़ा कूदता है। दिल्ली के देवताओं को बिहार के इन छोटभैयों की कार्रवाई से बड़ी प्रसन्नता हुई होगी, इसमें सन्देह नहीं। यदि उनकी हिन्दी के प्रति तथाकथित छोह वास्तविक होती, तो यह कभी नहीं हो सकता था।

लेकिन, बुढ़िया के मरने का डर नहीं है, यम के परक जाने का ख़तरा है। आज बिहार ने जो रुख लेकर हिन्दीवालों का काला मुँह किया, वह रुख दूसरा भी ले सकता है। हिन्दी रक्षा-समिति की वस्तुतः आवश्यकता बिहार जैसे प्रान्तों में थी। मध्य प्रदेश को साधुवाद देना चाहिए। बिहार ने तो अपने पास किए प्रस्ताव द्वारा अपने प्रान्त के लिए हिन्दी को कम-से-कम तीन वर्ष के लिए अयोग्य साबित कर दिया, अहिन्दी प्रान्तों के लिए वह तीस वर्ष तक अयोग्य समझी जाएगी। मध्य प्रदेश ने आशा की किरण फैलाई। देखें उत्तर प्रदेश, राजस्थान और पंजाब का हिन्दी-क्षेत्र क्या रुख लेता है। दिल्ली के महादेवों का मुँह देखकर तो उन्हें भी बिहार का पथ अनुसरण करते वाहवाही लेनी चाहिए। जनता और उसके हित और इच्छा चूल्हे-भाड़ में जाएँ। यदि बिहार की पंचायतों से लेकर हाईकोर्ट और प्राइमरी स्कूलों से लेकर विश्वविद्यालयों तक हिन्दी का प्रचलन होगा, तो वहाँ की जनता को बहुत लाभ होगा। शासक और शासित के बीच की दीवार ढह जाएगी। पर, यह न नौकरशाहों को पसन्द है, और न मन्त्री महोदयों को। शायद इसीलिए वह देर लगाना चाहते हैं, देर लगाना ही नहीं चाहते, बल्कि अपनी जीवन-नैया को खे ले जाना चाहते हैं। आख़िर बूढ़े मन्त्रियों में कोई पाँच-सात वर्ष से आगे नहीं जा सकता। इसलिए पाँच-सात वर्ष की मुहलत लेने का मतलब है, वह अपने जीवन में हिन्दी को उसके पद पर आरूढ़ देखना नहीं चाहते।

जो प्रदेश अपने को छुपे रुस्तम बनाना चाहते हैं, उनके भी खाने के दाँत और, और दिखाने के दाँत और हैं। फ़ार्म हिन्दी में छपे हुए हैं और उस पर हुकुम रहता है अंग्रेज़ी में। सरकारी अफ़सरों को हिन्दी सीख लेने की मियाद बार-बार बढ़ाई जाती है। भाषा सम्बन्धी

नियम का उल्लंघन करने पर भी उनका कोई कुछ नहीं कर सकता। जब तक केवल अंग्रेज़ी का ही टाइपराइटर और स्टेनोग्राफ़र सरकारी ऑफ़िसों में मौजूद हैं और हिन्दी टाइपराइटरों तथा द्रुतलेखकों को नहीं रखा गया, तब तक किसी सरकार का हिन्दी-समर्थक होना ढोंगमात्र है।

यहाँ विशाल हिन्दीभाषा जनता और हिन्दी साहित्यकारों का भी एक कर्त्तव्य है, जिससे उन्हें च्युत नहीं होना चाहिए। असल में सभी हिन्दीभाषी प्रदेशों के लिए हिन्दी रक्षा-आन्दोलन की आवश्यकता है। जब तक मजबूरी नहीं होगी, तब तक न नौकरशाह चलेंगे, न हमारे मन्त्री लोग। जब तक हिन्दी-प्रदेशों में सारी शिक्षा, सारा प्रशासन और सारे न्याय हिन्दी के माध्यम से नहीं होते, तब तक अहिन्दी प्रदेशों में हिन्दी को किसी प्रकार का स्थान दिलाने की चेष्टा निरी अज्ञानता है। बिहार सरकार के प्रस्ताव को पढ़कर अहिन्दी प्रान्तों के हिन्दी-विरोधियों को सबसे अधिक प्रसन्नता हुई है। यदि हिन्दीभाषी पाँच वर्ष के लिए हिन्दी की लड़ाई सिर्फ़ अपने-अपने प्रदेशों में लड़ें, तो बहुत काम हो सकता है। वस्तुतः हिन्दी-प्रदेशों को हिन्दीमय बनाने के सिवा हिन्दी के आगे बढ़ाने के लिए कोई रास्ता नहीं है।

अमृतसर, 17-12-57

अंग्रेज़ी के हिमायती

अपने नवशिक्षित ही नहीं, सुशिक्षित देशबन्धुओं की कितनी ही हरकतों को देखकर संस्कृत की प्रसिद्ध उक्ति याद आती है—"शास्त्राण्यधीत्यापि भवन्ति मूढ़ाः" सचमुच ही आधुनिक शिक्षा-दीक्षा के बाद भी आदमी कितना कूपमंडूक रह सकता है, इसके सबसे बड़े उदाहरण हमारे अंग्रेज़ी के हिमायती भारतीय दीख पड़ते हैं। कुएँ के मेंढक ने देश देखे हुए अपने बन्धु की विशाल दुनिया की बात सुनकर उसी कुएँ में एक छलाँग मारकर पूछा था—"बस इतनी है न दुनिया ?" वही बात अंग्रेज़ी पढ़कर और इंग्लैंड में रहकर हमारे इन कूपमंडूकों की है। वह समझते हैं, कि अंग्रेज़ी हमारी शिक्षा का माध्यम नहीं रह जाएगी, तो मुर्गे की बाँग बिना सवेरा ही नहीं होगा, और दुनिया चारों ओर से अँधेरी हो जाएगी। एक और संस्कृत की कहावत है—

अज्ञः सुखमाराध्यः सुखतरमाराध्यः विशेषज्ञः।
ज्ञानलवदुर्तिदग्धं ब्रह्मापि ते जनं न रंजयति॥

यदि उनसे कहा जाए कि सभी आधुनिक ज्ञान-विज्ञानों में किसी से पीछे न रहनेवाले रूस में शिक्षा का माध्यम अंग्रेज़ी नहीं है, तब वह कह देंगे कि तब तो रूस में ज्ञान-विज्ञान हो ही नहीं सकता। यदि कहा जाए कि जर्मनी, इटली और फ्रांस में शिक्षा का माध्यम अंग्रेज़ी नहीं है, बल्कि जर्मन, फ्रेंच और इतालियन भाषा है, तो शायद उससे भी वह इन्कार कर देंगे। यदि यह कहा जाए, कि हमारे एशियाई देश जापान में भी शिक्षा का माध्यम अंग्रेज़ी नहीं जापानी है, तो भी उसे मानने के लिए तैयार नहीं होंगे। ऐसे लोगों के लिए क्या कहा जाए ?

ये लोग यह भी सोचने के लिए तैयार नहीं हैं कि किसी भी स्वतन्त्र देश के लिए यह बड़े शर्म की बात है, कि वह परायी भाषा को अपनी शिक्षा का माध्यम बनाए रखे। फ़िनलैंड, हंगरी, रूमानिया जैसे छोटे-छोटे देश हैं, लेकिन वह भी अपनी भाषा छोड़ अंग्रेज़ी या किसी दूसरी भाषा को शिक्षा का माध्यम नहीं मानते। यदि लाज-शर्म धोकर हमारे बन्धु पी गए हैं, तो भी यह तो व्यवहार की बात है कि बिना अपनी भाषा के शिक्षा-माध्यम हुए हमारा बहुत-सा समय जो ज्ञान-विज्ञान अर्जन में लगना चाहिए, वह अंग्रेज़ी जैसी दुरूह भाषा के पढ़ने में लग जाता है।

गाँधीजी के बारे में एक अन्तरंग शिष्य ने लिखा था—बापू बात कर अन्दर आए। दो भाइयों को आपस में अंग्रेज़ी में बातचीत करते सुनकर उन्होंने कहा : "हमारा कितना दुर्भाग्य है, कि दो सगे भाई भी अंग्रेजी में बातचीत करते हैं। उनमें से एक तो कहता है, मेरे मन में विचार भी अंग्रेज़ी में ही उठते हैं। हम अंग्रेज़ी के कितने बड़े गुलाम हैं। यह गुलामी हमने अपने आप स्वीकार की है। अंग्रेज़ों को मैंने बारबार कहा कि तुम्हारी यह बात ग़लत है, तुमने हमें यह नुकसान पहुँचाया है। परन्तु, हमारे सामान्य व्यवहार में दो सगे भाई जो अंग्रेज़ी में बातचीत करते हैं, तो उसे हम अपना सदभाग्य समझते हैं। हमारी यह महत्त्वाकांक्षा भी रहती है और उसके पीछे हम अपना कितना ही समय खो देते हैं। अगर हम अंग्रेज़ी में बोलने में भूल नहीं करते और उसे सुनकर अंग्रेज़ हमारी पीठ ठोक देता है, तो हम फूले नहीं समाते।

परन्तु हर व्यक्ति अंग्रेज़ी सीखने में जो समय देता है, उसका यदि जोड़ लगाया जाए, तो पता चलेगा, देश के काम में जो समय देना चाहिए—जिसकी आज बहुत ज़रूरत भी है—उसमें तो दिया नहीं जाता और उसके लिए हज़ारों घंटे बरबाद कर देते हैं। फिर भी हम पूरी अंग्रेज़ी सीख ही नहीं पाते। मेरे पास ऐसे कितने ही बड़े-बड़े डिग्रीधारियों के पत्र आते हैं, जिनकी अंग्रेज़ी बिलकुल अशुद्ध होती है और जिसे पढ़कर हम ऊब जाएँ। शौक़ के ख़ातिर वह भाषा अवश्य सीखने जैसी है। उसमें अच्छे साहित्य का ख़ज़ाना भी भरा पड़ा है, परन्तु उसका दुरुपयोग न होना चाहिए। एशियाटिक कांफ्रेंस में आए हुए लोगों में से कितने ही बड़े आदमी थे, जो मुझे मिलने आए थे, लेकिन वे अपनी जापानी या तुर्की भाषा में ही बात करते थे। बीच में दुभाषिया रहता था, जो उनकी तथा अंग्रेज़ी भाषा जानता था। तब मुझे लगा कि हिन्दी भाषा को इस समय सारे एशिया की भाषा बनने का मौक़ा है। दुभाषिया का काम करनेवाला व्यक्ति उस देश की भाषा तथा राष्ट्रभाषा भी सीख लेगा। जब ऐसा होगा, तब एशिया के सारे देशों के बीच, जो आज अलग-अलग बँटे हुए हैं, परिवार का-सा मीठा सम्बन्ध स्थापित हो सकेगा। यह एक बहुत ही महत्त्व का काम होगा। परन्तु मैं किसको सुनाऊँ ? आप दोनों सगे भाई पंजाबी तथा हिन्दी जानते हुए भी अंग्रेज़ी में बोल रहे हैं।" (कांग्रेस-सन्देश, 18 फ़रवरी 1952)

बुद्धि और गाँधीजी की बात सुनने के बाद जब हम 6 सितम्बर को बम्बई से निकलनेवाली रमन, भाबा, वाडिया, भगवती, आर.पी. मसानी आदि छब्बीस सयानों की घोषणा पढ़ते हैं, तो आश्चर्य हुए बिना नहीं रहता। उस वक़्त न हमें यही मालूम होता है, कि हम बीसवीं शताब्दी के उत्तरार्ध में हैं, और न यही कि हम किसी स्वतन्त्र देश में हैं। छब्बीस सयानों ने इस पर बहुत खेद प्रकट किया है, कि हमारे स्कूलों के पाठ्य-विषयों में अंग्रेज़ी शिक्षा की मात्रा कम कर दी गई है। छब्बीस सयानों ने इस बात पर भी बहुत शोक प्रकट किया है कि "हमारे स्कूलों में अंग्रेज़ी का तल गिरता जा रहा है।" उनके ख़याल में यदि अंग्रेज़ी पढ़ाई हमारे देश में मार दी गई, तो एक शताब्दी का काम चौपट हो जाएगा। अर्थात् 1852 से 1952 ई. तक में जो कुछ भारत ने पढ़ा-गुना है, उस सब पर पुचारा फिर जाएगा।

छब्बीस सयानों ने नेहरू और मौलाना आज़ाद से विशेष तौर से ज़ोर देकर कहा है, कि अंग्रेज़ी के साथ वह ऐसा बर्ताव न होने दें। यह प्रार्थना नहीं, बल्कि अंग्रेज़ी पक्षपाती दिल्ली के देवताओं को प्रोत्साहन देना है। दिल्ली के देवताओं ने नीचे से ज़ोर पड़ने पर पन्द्रह वर्ष की अवधि अंग्रेज़ी के लिए मान ली। लेकिन उनका कभी ख़याल नहीं है कि 1966 ई. तक भी अंग्रेज़ी भारत का पिंड छोड़े।

अंग्रेज़ी के हिमायतियों का सबसे बड़ा पृष्ठपोषक अंग्रेज़ साम्राज्यशाही का अन्तिम प्रतीक नई दिल्ली का एक अख़बार है। उसके कालमों में प्रायः रोज़ ही अंग्रेज़ी की हिमायत में पत्र छपते रहते हैं। 29 अक्तूबर को कलकत्ता के एक महाशय लिखते हैं—हमने पश्चिम का कोट-पैन्ट स्वीकार कर लिया, काँटा-चमचा हमारी मेज़ों पर चलता है, तो फिर अंग्रेज़ी भाषा अपनाने में उज्र क्यों ? लेकिन इन महाशय को पता नहीं, कि छुरी-काँटा और कोट-पैन्ट अंग्रेज़ों की अपनी चीज़ नहीं है। आप इस तर्क को किसी जापानी, रूसी, जर्मन या इतालियन के सामने रखकर केवल अपनी बेवकूफ़ी साबित करेंगे। इन सज्जन का यह भी कहना है कि यदि अंग्रेज़ी नहीं रही, तो अन्तर्राष्ट्रीय सभाओं में हमारे प्रतिनिधि बोलेंगे कैसे ? आपके पास बोलने के लिए चीज़ और शक्ति होनी चाहिए, फिर बँगला में बोलकर के भी दुनिया को अपनी बात सुना सकते हैं। सोवियत के प्रतिनिधि विशिन्स्की या ग्रोसिको अंग्रेज़ी में नहीं, रूसी में बोलते हैं। वहाँ वाले तो अंग्रेज़ी के अभाव में हाय-हाय नहीं मचाते। नवीन चीन के राष्ट्रपति और प्रधानमन्त्री दोनों ही अंग्रेज़ी से कोरे हैं। यही बात और बहुत से स्वतन्त्र देशों की है। क़ाज़ीजी को शहर के अन्देशे दुबले होने की ज़रूरत नहीं है। अंग्रेज़ी के बिना भी हमारा काम चल जाएगा। और फिर क्या अन्तर्राष्ट्रीय सभाओं में बोलने का ख़याल करके सभी भारतीयों की शिक्षा, अंग्रेज़ी माध्यम द्वारा होनी चाहिए। जालन्धर में सितम्बर में अंग्रेज़ी शिक्षकों की कांफ्रेंस हुई, जिसमें अध्यापकों ने इस बात पर बहुत ज़ोर दिया कि अंग्रेज़ी ही एकमात्र भारत तथा पश्चिमी विचारों और संस्कृतियों के बीच में पुल का काम देती है, इसलिए उसकी पढ़ाई में कमी करना भारी हानि की बात होगी। अध्यापकों को शायद अपनी रोटी का ख़याल है। जहाँ कालेजों और युनिवर्सिटियों में पहले पाँच-पाँच छह-छह कमरों में अंग्रेज़ी क्लासें लगती थीं, वहाँ

अब एक के लिए भी विद्यार्थी मिलने मुश्किल हो गए हैं। फिर हमारे अंग्रेज़ी अध्यापकगण क्यों न युनिवर्सिटी से कड़ाई करने के लिए कहें। लेकिन अब उल्टी गंगा नहीं बह सकती। दिल्ली के देवता अपने ऑफ़िसों में और कुछ समय तक भले ही अंग्रेज़ी को क़ायम रख लें और पुराने अंग्रेज़ी और अंग्रेजों के भक्त केन्द्रीय नौकरियों में अंग्रेज़ी की प्रधानता को क़ायम रखकर अपने बेटों-पोतों को भले ही कुछ दिनों और भरते जाएँ, लेकिन अब भारत के विद्यार्थियों से यह आशा नहीं रखी जा सकती, कि उनमें से हर एक अंग्रेज़ी पर उतना ही समय और श्रम देगा, जितना कि उनके हाल के पूर्वज देते रहे हैं।

सचमुच एक ओर ऊपरवाले अंग्रेज़ी को अक्षुण्ण रखने के लिए सारी कोशिश कर रहे हैं, उसके लिए सभी तरह की ग़लत-सलत दलीलें देते हैं, लेकिन दूसरी तरफ़ भारत का तरुण अब अपनी भाषाओं द्वारा शिक्षा प्राप्त करने के लिए तुला हुआ है। अधिकांश युनिवर्सिटियों ने अंग्रेज़ी के अतिरिक्त अपनी भाषा को भी शिक्षा और परीक्षा के उत्तर का माध्यम मान लिया है। इसमें उन्हें सुगमता भी है। आए दिन कालेजों से ख़बरें आती हैं कि विद्यार्थी अपने अध्यापकों से हिन्दी में पढ़ने की माँग कर रहे हैं। अधिकांश लड़के बी.ए. में भी अपने अध्यापक के अंग्रेज़ी लेक्चर को अच्छी तरह समझ नहीं पाते। फिर जब उन्हें परीक्षा में अपने प्रश्नों का उत्तर हिन्दी में देना है, तो अंग्रेज़ी के लेक्चर और उसमें आई अंग्रेज़ी परिभाषाओं को रटने से फ़ायदा क्या ? कितने ही अध्यापकों के लिए तो वर्षों पहले रटे हुए अपने लेक्चर अपनी अयोग्यता को छिपाने के लिए परदे का काम देते हैं। वह समझते हैं, कि यदि हमने अंग्रेज़ी में लेक्चर देना छोड़ दिया और लड़कों की बात मान ली, तो पोल खुल जाएगी। लेकिन यह बात कितने दिनों तक चलेगी ! "कबतक छिपेंगी कैरियां पत्तों की आड़ में। आख़िर में होके आम बिकेंगी बज़ार में।" आज से दो वर्ष बाद आनेवाले विद्यार्थी अपने अध्यापकों से अंग्रेज़ी में लेक्चर कभी नहीं सुनना चाहेंगे, क्योंकि वह उसे समझ नहीं पाएँगे। सारे भारत के स्कूलों और कालेजों में पढ़नेवाले लाखों लड़के-लड़कियों का एक ओर यह ज़ोर कि हम अंग्रेज़ी के लिए उतना समय नहीं दे सकते, उस पर उतना अधिकार नहीं प्राप्त कर सकते, इसलिए हमारी पढ़ाई का माध्यम अंग्रेज़ी नहीं अपनी भाषा होनी चाहिए। दूसरी ओर छब्बीस

सयाने और दिल्ली के देवताओं का संकल्प है अंग्रेज़ी को ज़बर्दस्ती लोगों के सिर पर थोपे रखना। इस संघर्ष में तरुणों की विजय होगी, दिल्ली के बूढ़ों की नहीं, इसमें कोई सन्देह नहीं। आख़िर में मैदान तरुणों के हाथ में रहेगा। केन्द्रीय नौकरियों में अंग्रेज़ी पर ज़ोर देने का अब यही मतलब है, कि सिर्फ़ उन्हीं लोगों के लड़के इन बड़ी-बड़ी तनख़्वाहवाली सैनिक और असैनिक नौकरियों में लिए जाएँ जिनको बचपन से ही कान्वेन्टों और यूरोपियन स्कूलों में पढ़ने का अवसर मिला है। ऐसा होने पर चन्द हिन्दू-आंगलयन परिवारों की बड़ी-बड़ी नौकरियों पर इज़ारेदारी क़ायम हो जाएगी। लोगों की आँखों में धूल झोंकने में सदा सफलता नहीं मिल सकती यह निश्चय ही है।

और तो और गुजराती के लब्धप्रतिष्ठित साहित्यकार श्री कन्हैयालाल मुन्शी के मुख से जब (नवम्बर में) हम सुनते हैं–"हमारी विद्वत्ता, विज्ञान कितने ही उच्चतर विचारों और सौन्दर्य का माध्यम अंग्रेज़ी है।" तो आश्चर्य और ग्लानि से माथा नीचे हो जाता है। मुन्शीजी ने अपने इस वचन द्वारा स्वतन्त्र प्रशंसा की है, या निन्दा ! यदि अब तक ऐसा रहा, तो हमारी बेबसी थी, लेकिन क्या वह चाहते हैं कि अब भी हमारे लिए अंग्रेज़ी वही काम करे ? ऐसा होने पर चुल्लू-भर पानी में डूब मरना अच्छा होगा। भावी भारत की विद्वत्ता, विज्ञान और उच्चतर विचारों का माध्यम अंग्रेज़ी कभी नहीं हो सकती। अगर आज कुएँ में भाँग पड़ी हुई है, और सभी बड़े-बूढ़े अंग्रेज़ी के हिमायती बन ऊल-जलूल बातें कर रहे हैं, तो इससे कुछ होने-हवानेवाला नहीं है। भविष्य तरुणों के हाथ में है, बूढ़ों के हाथ में नहीं।

कितने ही तो इस बात की शिकायत करते हैं, कि अंग्रेज़ी का ही तल नहीं, बल्कि ज्ञान का तल भी हमारे शिक्षणालयों में कम होता जा रहा है। शायद ज्ञान में वह अपनी भाषा के साहित्य ज्ञान को सम्मिलित नहीं करते, नहीं तो उनको मालूम होता कि आज से बीस वर्ष पहलेवाले ग्रेजुएटों से आज का ग्रेजुएट इस विषय में कहीं अधिक आगे बढ़ा हुआ है। बल्कि मैं तो कहूँगा सिवाय अंग्रेज़ी भाषा के दूसरे विषयों में भी आज का छात्र अपने पूर्वजों से पीछे नहीं है, यद्यपि उसे योग्य अध्यापकों की कमी के कारण अक्सर अपने बल पर आगे बढ़ना पड़ रहा है। पुराने छात्र सिर्फ़ पाठ्य-पुस्तकों के कीड़े थे, उनके बाहर

उनकी कोई गति नहीं थी। वह पूरी तौर से कूपमंडूक थे। वर्तमान राजनीतिक और सामाजिक चेतना के कारण आज के छात्र के ज्ञान की परिधि कहीं अधिक बढ़ी हुई है। इसलिए शिक्षा का तल गिर रहा है, कहकर हाय-तोबा, मचाना बेकार है। शिक्षा या ज्ञान के तल को ऊँचा करने के लिए कितने ही लोग नुस्खा पेश कर रहे हैं, कि परीक्षा में कड़ाई करनी चाहिए। एक अध्यापक ने एक प्रदेश के लिए लिखा था कि 1946 ई. में 40 सैकड़ा लड़के अंग्रेज़ी में फेल हुए। अगर छह वर्ष पहले 40 सैकड़ा फेल हुए और आज परीक्षा में कड़ाई करने का मतलब होगा विद्यार्थियों का क़त्लेआम ! आप क्या चाहते हैं, कि अंग्रेज़ी में कड़ाई करके 80 फ़ीसदी लड़कों को परीक्षा में फेल कर दिया जाए ? क्या इस तरह के क़त्लेआम को आज के विद्यार्थी चुपचाप स्वीकार कर लेंगे ?

अंग्रेज़ी के हिमायती अपने प्रचार के लिए झूठ बोलने में भी कोई कोर-कसर उठा नहीं रखना चाहते। माध्यम अंग्रेज़ी न रहे, इसका अर्थ कोई यह नहीं लेता कि विदेशी भाषाओं को हमारे पाठ्य-विषय से अलग कर दिया जाए। इसलिए हमारे विद्यार्थी अंग्रेज़ी नहीं पढ़ेंगे, यह कहना बिलकुल ग़लत है। विदेशी भाषा का बायकाट करना तो अलग, हमारी शिक्षा-प्रणाली में कई विदेशी भाषाओं को स्थान मिलना चाहिए। अंग्रेज़ी दिमाग़ी ग़ुलामी और कूपमंडूकता पैदा करने में भारी सहायक है। इसलिए हमें विदेशी भाषा में केवल अंग्रेज़ी को बढ़ावा न देना चाहिए बल्कि अंग्रेज़ी, फ्रेंच, जर्मन, रूसी, जापानी और चीनी भाषाओं को भी अपने पाठ्य-विषय में सम्मिलित करना चाहिए। रूसी माध्यमिक शिक्षा में लड़कों को दो आधुनिक विदेशी भाषाओं को अवश्य पढ़ना पड़ता है। उसी तरह हमें भी अपने हाईस्कूलों में अंग्रेज़ी, जर्मन, फ्रेंच-रूसी, या चीनी-जापानी जैसी दो भाषाओं को रखना चाहिए। द्वितीय भाषा पढ़ने का यह मतलब हरगिज नहीं कि विद्यार्थी परायी भाषा पर पूरा अधिकार प्राप्त कर लेंगे। इसका मतलब यही है, कि यदि किसी की भाषा सीखने की अधिक रुचि हुई तो इस पढ़ाई के बाद वह युनिवर्सिटी में जाकर और प्रगति कर सकता है, अथवा जिन्हें विज्ञान-सम्बन्धी शोध का काम करना है, वह उन भाषाओं में निकलनेवाली शोध-पत्रिकाओं और दूसरे ग्रन्थों से आसानी से फ़ायदा उठा सकेंगे। विदेशी भाषाओं का

बायकाट करना तो दूर, हमें तो ऐसा प्रबन्ध करना होगा जिसमें हमारे शोधकर्ता विद्वान अपने विषयों पर जर्मन; रूसी और फ्रेंच, पत्र-पत्रिकाओं को भी पढ़कर समझ सकें। इसलिए अंग्रेज़ी की इज़ारेदारी के हटाने से हमारे देश के विद्वानों के अलग-थलग रह जाने का कोई डर नहीं।

हिन्दुस्तान (दैनिक) रविवारीय, दिसम्बर 1952

●●●